U0519665

閩臺歷代方志集成·福建省志輯·第9册

福建省地方志編纂委員會　整理

［萬曆］

閩大記

（二）

（明）王應山等纂修

萬曆十年（一五八二年）（清抄本）

SSAP
社會科學文獻出版社

社會科學文獻出版社

章得象

章得象字希言其先泉州人後家浦城第進士歷知三州楊億薦其深厚為公輔器累遷兵部郎中知制誥踰年為翰林學士太后臨朝宦官方熾后遣内侍至學士院必正色待之寶元初由户部侍郎拜同中書門下平章事集賢殿大學士陝西用兵加中書侍郎兼工部尚書慶曆五年拜鎮安軍節度使同平章事封郇公徙判

河南府守司空致仕薨贈太尉兼侍中謚文憲皇祐中改謚文簡得象在中書八年仁宗鋭意太平進用韓范諸公得象未能有所建明

陳升之

陳升之字暘叔初名旭建陽人父巘字仲莊簿安福令常熟皆有惠政升之第進士累官起居舍人知諫院張堯佐緣後宮遷三司使尋為宣徽使御史張昪補郡久不召唐介劾宰相斥嶺南升之皆極諫選侍御史知雜事累遷樞密直

學士知開封府歲餘拜樞密副使為唐介范師道所論仁宗不悅熙寧元年知樞密院事同制置三司條例與王安石共事數月拜中書門下平章事集賢殿大學士升之既相遂請免條例司忤安石意稱疾臥逾十旬後以使相判楊州封秀國公卒贈太保中書令謚成肅升之為安石所引用陽為異同世謂筌相

曾公亮

曾公亮字明仲晉江人會之子會見循吏傳公

亮少客京邸有隣舍生泣甚哀問故負官錢無以償僅一女鬻商人四十萬行有日故悲耳公亮曰商人轉徙不常孰若售之我生喜即如數與之期後三日以而女來吾登舟以俟生如期往公亮已解舟三日矣其女後為士大夫妻公亮天聖二年進士知會稽縣坐父買田鏡湖謫監湖州酒稅久之歷端明殿學士知鄭州精吏事盜悉竄他境至夜户不閉入為翰林學士知開封府擢給事中參知政事加禮部侍郎除樞

密使嘉祐六年拜吏部侍郎同中書門下平章
事集賢殿太學士公亮明習朝章仁宗末年與
韓琦共定儲議神宗即位加門下侍郎兼吏部
尚書進昭文館大學士累封魯國公以老求去
熙寧三年拜司空兼侍中河陽三城節度使集
禧觀使明年起判永興軍專務裁抑冗費居一
年還京師以太保致仕卒年八十贈太師中書
令謚宣靖配享英宗廟庭公亮歷事四朝受遺
两世眷遇極隆然初薦王安石及同輔政更張

不為異同安石德其助己故擢引孝寬至樞密蘇軾責其不能救正公亮曰上與介甫如一人天也子孝寬四世孫從龍

孝寬

孝寬字孟綽蔭知咸化縣提點開封府保甲民訛言為變知府韓維乞候農隙行之孝寬榜十七縣捕搖惑者維請不得行入知審官東院判刑部熙寧五年遷樞密都承旨拜直學士簽書院事丁父憂服除以端明殿學士知河陽徙鄆州

後以吏部尚書召道病卒從弟孝純太常寺孝蘊龍圖學士孝廣顯謨直學士孝彥別有傳

從龍

從龍字君錫慶元五年進士第一累官起居舍人兼太子諭德開禧間知信州戍卒掠境工甫造郡庭叱縛數輩露索婦人衣立命梟于市郡境帖然嘉定初召還以右使攝西掖遷禮部侍郎充賀金生辰使執禮不撓還為刑部尚書八年除簽書樞密院事十二年參知政事疾胡榘

僉壬陳其罪狀榘喉言者劾罷奉祠既而起知
建寧府繼除湖南安撫使拊循峒獠威惠並行
改知龍興府復請祠端平初授資政殿大學士
累遷參知政事兼同知樞密院事進知樞密院
兼參知政事明年冬元窺襄淮警報沓至以樞
密使督視江淮荊襄軍馬疏言邊地遼遠聲援
不接請並建二閫詔許專督江淮以荊襄屬魏
了翁朝論患邊費不給詔還從龍樞筦命了翁
并領督府從龍始志不遂以憂卒贈少師弟用

虎治鳳有文武材

吴育

吴育字春卿建安人待問之子也舉進士試禮部第一除大理評事舉賢良方正歷知太常禮院奏定新禮改右正言會元昊僭號議用兵育獨援國初江南故事不宜亟加征討不報既而諸將旻覆軍卒封元昊夏國主如育議育又上言元昊見朝廷比年與西域諸戎不通乃得以利啗鄰境固其巢穴請募士諭嘀嘶囉及他藩

部離散其黨使併力以攻而均其恩賜此伐謀之要也因錄上真宗時通西域諸番事迹畧還禮部郎中契丹與元昊搆兵元昊求納款契丹使來請勿納元昊朝廷未知所荅育因上疏宜使人諭元昊契丹勿相讐殺若猶拒命當為討之則我有詞矣於是出契丹書令兩制上對不能易育議尋知開封府慶曆五年拜右諫議大夫樞密副使居數月改叅知政事山東盜起帝遣中使按視疑杜衍富弼皆山東人欲徙之淮

南育曰盜無足慮小人乘時傾大人禍不可長
事遂寢知永靜軍向綬多不法疑通判江中立
發其陰事因搆獄以危法中之中立自經死綬
宰相子大臣有營助欲傳輕典育曰不殺綬無
以示天下卒減死流南方育在政府遇事敢言
與宰相賈昌朝數爭議上前左右皆失色乃復
以爲樞密副使明年出知許州徙蔡州設伍保
法檢制盜賊時京師有告妖人千數聚確山者
詔遣中使往捕曰育不斂聚千人境内無容不

知此特鄉民用浮屠法相聚以利錢財爾一弓
手召之可致也今以兵往人相驚疑請留毋往
中使以為然頃召十人者至械送闕下皆無罪
釋之告者伏辜尋以資政殿學士知河南徙陝
州遷禮部侍郎知永興軍召兼翰林侍讀學士
以疾辭且請便郡帝語大臣吴育剛正可用第
嫉悪大過耳因命知汝州賜禁中良藥會疾久
不已請居散地以集賢院學士判西京留司御
史臺外臺舊不領民事時張堯佐知河陽民訟

久不决多詣育訴育為辨折曲直判書狀尾尭佐畏懼奉行復為資政殿大學士召還判尚書都省帝數欲大用為諫官劉元瑜誣奏育在河南嘗貸民出息錢久之除宣徽南院使鄜延路經畧安撫使判延州疾復作不任邊事求解宣徽使復以資政殿大學士尚書左丞知河中府徙河南病革視事如平日因閲囚辨非罪竄舞文吏二人而已卒年五十五贈吏部尚書謚正肅育遇事不妄發發即人不能撓有集五十卷

弟充

吴充

吴充字冲卿未冠舉進士調穀城簿入為吴王教授以嚴見憚除集賢校理判吏部南曹改知太常禮院歷知陜州京西淮南河東轉運使英宗立數問充所在會入覲語及為教授時事特嘉勞之尋擢塩鐵副使熙寧元年知制誥遂同知諫院河北安撫使使還安石参知政事充子安時其婿也引嫌解諫職知審刑院權三司使

使爲翰林學士累遷檢校太傅樞密使充雖達
姻安石而數言政事不便帝欲相之安石去位
遂爲中書門下平章事充歆有所變革乞召還
司馬光呂公著韓維蘇頌又薦孫覺李常程顥
等數十人光以書勸其開言路以悟人主充不
能用王珪與充並相積忌而充素惡蔡確確治
相州獄顧構充帝獨明其亡他安南師出無功
坐與郭逵書止其進兵復置獄充多病數遺困
毀疾益侵元豐三年罷爲觀文殿大學士西太

一宦使踰月卒年八十贈司空兼侍郎謚正獻充内行嚴飭事兄甚謹為相務安靜性沉密對家人語未嘗及國家人事所言於上人莫知者將終戒妻子勿以私事于朝廷帝益悲悼世謂充心正而力不足以副之子安時安持安在安時元祐中為諫官起居郎安持為都水使者遷工部侍郎終天章閣待制

蘇頌

蘇頌字子容晋江人父紳别有傳頌慶曆二年

進士知江寧剔蠹成賦簡而易行諸令視以為
法調南京留守歐陽脩委以政事時杜衍諸老
居睢陽見頌深器之皇祐五年召試館閣校勘
同知太常禮院遷集賢校理富弼與韓琦為相
同表其廉出知潁州通判趙志忠本邊徼降者
頌待以禮志忠感泣曰某雖夷人平生誠服惟
公與韓公耳英宗即位自潁州召提點開封諸
縣鎮公事請置營益兵以備非常又請以獲盜
多寡為縣令殿最歷擢知制誥知通進銀臺司

知審刑院時知全州張仲宣坐枉法贓罪至死法官援例杖脊黥配海島頌曰古者刑不上大夫仲宣官五品雖其人不足矜所重汙辱衣冠耳乃免杖黥流海外遂以為常時王安石用事以李定為御史宋敏求知制誥封還詞頭復下頌承制頌奏隳紊法制未敢具草次至呂大臨亦封還於是並落知制誥時稱熙寧三舍人云歲餘出知婺州方泝桐廬江水暴迅舟橫欲覆母在舟中幾溺頌哀號赴水救之舟忽自正母

甫及岸舟覆人以為純孝所感徙亳州加集賢學士知應天府呂惠卿嘗語人曰子容吾鄉先進苟一詣我執政可得也頌微哂而已改授秘書監知通進銀臺司吳越饑選知杭州及脩兩朝正史轉右諫議大夫使契丹遇冬至其國曆後宋曆一日北人問孰為是頌言曆家筭術小異遲速不同或先或後當各從其曆北人以為然使還神宗問其山川人情向背對曰彼講和日久頗竊中國典章上下相安未有離貳外國

叛服不常不繫中國盛衰頌意蓋有所諷也元豐初權知開封府有獄辭連祥符令李純頌置不問御史舒亶糾其故縱貶秘書監知濠州後又被譖在開封時寬國子博士陳世儒夫婦重獄逮御史臺神宗察其非罪猶坐泄獄情罷郡未幾知河陽改知滄州入辭帝曰朕知卿久然每欲大用輒有所奪命也卿直道久而自明頌頓首謝召判尚書吏部兼詳定官制因陛對神宗謂頌曰契丹通好八十餘年盟誓聘使禮幣

儀式欲有所考據非卿不能成此書書成帝讀序引喜曰正類序卦之文賜名魯衛信錄除吏部侍郎遷光祿大夫元祐初遷吏部尚書兼侍讀每進讀至弭兵息民必援引古今以回上意又請別製渾儀因命提舉頌既邃於律曆以吏部令史韓公廉曉筭術有巧思奏用之授以古法為臺三層上設渾儀象下設司晨貫以一機激水轉輪不假人力時至刻臨則司晨出告星辰纏度所次占候測驗不差晷刻晝夜晦明皆

可推見前此未有也遷翰林學士承旨五年擢尚書左丞七年拜右僕射兼中書門下侍郎賈易除知蘇州頌言易在御史名敢言監司反下遷為州不可爭論未決諫官楊畏來之邵劾稽留詔命頌遂上章辭位罷為觀文殿大學士集禧觀使出知楊州徙河南辭不行告老以中太一宮使居京口紹聖四年拜太子少師致仕方頌執政時哲宗年幼大臣奏事但取決于宣仁后哲宗有言或不對惟頌奏宣仁后必再稟哲宗

有宣諭必告諸臣以聽聖語及貶元祐故臣御史周秩劾頌哲宗曰頌知君臣之義無輕議此老徽宗立進太子太保累爵趙郡公卒年八十二贈司空頌爲相量能授任杜僥倖之原戒疆埸毋邀功生事議有未安毅然爭之當母后垂簾能使元祐之治比隆嘉祐厥功茂矣器局宏遠不校短長未嘗爲姦邪所汙世稱其正直明哲奉祖母及母養姑姊妹與外族數十人甘旨融怡婚嫁以時妻子衣食常不給自書契以來

經史九流百家之說至於圖緯律呂星官筭法山經本草無所不通尤明典故與人言亹亹不絶

許將

許將字冲元閩縣人嘉祐進士第一簽書昭慶軍判官代還當試舘職辭曰頋以守選餘日讀所未見書初南唐考功選人綜核無法吏緣為姦選者又不得訴將奏罷南曹闢公舍以待来訴者士得無畱難契丹兵壓境請代地歲聘之使不敢行以命將

將入對曰臣備位侍從當知朝廷大義萬一北人及代州事宜有以折之遂命將詣樞密院閱文書及至北境館客蕭禧果以代為問將隨問隨荅禧不能屈歸報稱旨直學士院判尚書兵部進翰林學士權知開封府會治大學虞蕃訟釋諸生無罪者蔡確舒亶陷之黜知蘄州遷兵部侍郎再為翰林學士拜尚書右丞每討論熙豐舊章紹聖初為吏部尚書紹定北郊夏至親祀事議發司馬光墓將曰發墓非盛德事黨禍

作舉漢唐誅戮故事將曰本朝治道過漢唐以
未嘗輒戮大臣哲宗皆納之嘗議正夏人罪薦
章楶後楶果有功歷進門下侍郎金紫光祿大
夫撫定鄯廓二州邊臣欲舉師渡河朝議以為
難將請從之未幾捷書至以復河湟功轉時進
居政地後為御史中丞朱諤飛謗出知河南府
改頴昌加觀文殿學士奉國公節度使卒謚文
定子分任補承務郎後登甲科官至龍圖閣學
士嘗歷典州郡所至有善績

朱倬

朱倬字漢章閩縣人宣和進士初簿宜興金將犯邊居民避之倬具舟給食衆賴以濟奉郡檄覈潦田除田租什九尋爲浙東制置梁汝嘉叅謀鞫群冦多辨釋遷右正言嘗言人主耳目非任情報怨之地每上疏輙夙興露告于天紹興末拜尚書右僕射金兵犯江倬陳戰備應三策且謂兵應者勝又策敵三事上馬爲耕籍計中焉守備下則妄意絕江金人必出下策果如所

料虞允文陳俊卿劉珙皆倬為舉卒謚忠靖孫
著淳熙進士仕至吏部尚書兼侍講
論曰天子置宰公毗難引翌屋極之託孰與儷
者淂象南人首登台鼎際熙朝與韓范同升可
稱奇遘矣迺不能有所建白惜哉升之荃相公
亮附和亮位而已蘇頌盖父之愆吳充濟兄之
美皆稱良輔許將朱倬雖非純識然亦救時之
相云

李綱

李綱字伯紀邵武人其先居無錫父夔進士起家尉華亭有政聲綱未冠丁母憂廬墓錫山三年補國子生舉進士未第郊恩假將仕郎司法叅軍政和元年上舍及第教授湘州就養改鎮江四年召除行國子正十二月對便殿除尚書考功員外郎五年謁告迎父夔于霅川詔改父提舉醴泉觀便養九月除監察御史論事忤權相

在臺僅一月除比部員外郎七年差充禮部貢院参詳官八年除太常少卿差兼國子編脩官宣和元年同知貢舉六月京師大水疏言變不虚發災未易禦臣有所見須奏翌日宰執傳旨所論不當送吏部與監當差遣復上封事言陰氣太盛當以賊盜為憂更降一官謫監南劍州沙縣税務綱日居僧舍陳瓘貽書引狄梁公李文靖王文正為勗二年復承事郎三年轉宣教郎五月父卒服除權發遣秀州七年除太常少

卿金人敗盟朝議避敵詔起勤王師綱上封事
又陳捍敵十策因語給事中吳敏曰太子建牧
之議豈非欲委東宮以留守乎巨敵猖獗如此
非傳以位號使招徠豪傑誰與共守唐肅宗靈
武建號不出於明皇後世惜之敏翌日求對且
道所以有旨召綱刺臂血上疏大畧以太子監
國持國家閒暇時事今大敵入寇存亡呼吸間
名分不正而當大權稟命則不威專命則不孝
何以號召天下率勵豪傑宜假皇太子位號爲

天下守宗社疏上内禪之議始決欽宗即位綱上封事謂陛下履位之初宜上〻應天心下順人欲外攘夷狄内屏姦邪以副道君付托之意召對延和殿上曰朕在東宮見卿水災疏至今猶能誦之時李鄴使金議割地請和綱因奏曰寇先聲若可畏然聞已内禪勢必退縮請和臣竊料之大槩有五欲稱尊號一也得歸朝人二也增歲幣三也求犒師四也求割地五也惟祖宗之地不可以尺寸與人願陛下無為浮議所搖

除兵部侍郎靖康元年充行營司叅謀官金將斡離不兵已渡河報至綱待對延和殿對曰聞諸道路宰執欲奉陛下出狩避敵誠有之宗社危矣太宰白時中曰都城豈可以守綱曰天下城池豈有如都城者且宗社百官萬民所在舍此將何之欽宗顧宰執策將安出綱曰今日之計莫若整軍馬揚聲出戰固結民心相與堅守以待勤王之師欽宗曰誰可將者綱曰朝廷以高爵厚祿崇養大臣將用之於有事之日今白

時中李邦彦等雖書生未必知兵然藉其位號撫馭將士以抗敵鋒乃其職也時中怒曰李綱莫能將兵出戰否綱曰陛下不以臣爲庸懦儻使治兵願以死報除尚書右丞宰執猶議避欲以爲東京畱守綱言唐明皇聞潼關失守即時幸蜀宗社朝廷碎于賊手陛下奈何蹈其覆轍欽宗頗悟會内侍王孝竭從旁奏曰中宫已行矣欽宗降榻曰朕不能畱綱泣拜俯伏以死邀之會燕越二王至亦勸固守欽宗意稍定是

夕公宿尚書省中夜欽宗遣中使令宰執供軍
令狀詰旦決行趍朝禁衛皆擐甲綱厲聲謂禁
衛曰爾等願死守宗社乎願扈從巡幸乎禁衛
皆呼曰願死守宗社綱入見曰陛下昨夕已許
臣留今復戒行何也且六軍父母妻子皆在都
城豈肯舍去萬一中道散歸陛下孰與為衛且
敵騎已逼彼知乘輿未遠健馬疾追何以禦之
欽宗乃輟行綱出祥曦殿傳旨禁衛皆拜伏呼
萬歲復入請欽宗御殿見將士綱與吳敏撰數

語勉勵每讀六軍皆感泣是日以綱為親征行營使便宜從事治都城四壁守具以百步法分兵備禦又團結馬步軍四萬人為前後左右中軍軍八千人月肄習之具粗畢賊馬抵城下是夕攻西水門翌日賊攻酸棗封立門賊渡濠以雲梯攻城綱登城督戰激勵將士人皆賈勇自卯至未殺賊數千人金人知其有備又聞內禪乃退師欲大臣至軍中議和綱請行欽宗不許曰卿性剛不可以往對曰今敵氣方鋭吾大兵

未集固宜且和宗社安危在此一舉臣恐李梲等柔懦誤國事也梲至軍中北面再拜膝行而前唯唯不能措一辭金人笑之梲還綱引前議力爭謂尊稱及歸朝官如其所欲固無害所需金幣竭天下且不足況都城乎當量與之太原中山河間三鎮國家屏蔽割之何以立國又保塞翼順僖三祖陵寢所在子孫奈何與人至於遣質則宰相當往親王不當往宰執皆不然綱求去欽宗慰諭曰卿第出治兵當徐議之綱退

則誓書已行所求悉與時高宗在康邸俾同張邦昌為質於金綱乃留三鎮詔書戒中書吏輒發者斬俟四方勤王師集以為後圖時勤王師漸有至者綱乃於四壁悉置統制官招集之請令种師道姚平仲等聽節制宰執密建白以為不可欽宗見勤王師集始有用兵之意綱因奏曰金人貪婪無厭且敵兵號六萬今勤王之師集城下者已二十萬為今之策莫若扼河津分兵以復畿北諸邑俟彼騎出則擊之以重兵臨

賊營堅壁勿戰俟其芻粮之人馬疲後以將師
檄取誓書復三鎮縱其歸半渡擊之必勝之計
也上以為然約日舉事姚平仲勇而寡謀欲大
功自有之先期率步騎萬人夜斫敵營夜半欽
宗手勑曰平仲出師卿可應援綱難之平仲不
克懼罪亡去平旦綱率諸將出封丘門與金人
戰于幕天坡以神臂弓射却之欽宗懼請再和
宰相李邦彥請縛綱以與金人遂罷綱太學生
陳東等詣闕上書不期而集者數千人擊破登

聞鼓欽宗乃召綱及師道入對後以為尚書右
丞充京城四壁守禦使固辭不允復命節制勤
王之師先放遣民兵以綱所留三鎮詔書遣宇
文虛中齎詣金人即不俟金幣數足遂退師十
三日宰執出延和殿綱奏金人退師今三日矣
宜遣大兵用澶淵故事護送之是日分遣將士
以兵十餘萬數道並進且戒諸將度便利可擊
則擊之十四日除知樞密院事封開國伯食邑
八百户實封一百户十七日澤州奏言斡離不

兵不出境粘罕之兵継至朝廷震懼宰執咎綱
綱曰斡離不之師既退自當遣兵護送粘罕之
師雖來聞其既和亦當自退三月命綱迎徽宗
還次南都欲詣亳州便道如西都欽宗憂之每
御書至必及朝廷改革政事又云當居禁中又
令綱来綱奏臣願前迎以釋兩宮之疑既次陳
畱縣秋口遇徽宗太上皇后船綱幄前奏事道
君太上皇后曰已得旨今居禁中綱對曰皇帝
聖孝殿下聖慈母子之情豈復有間但稽三從

之義道君居龍德宮而殿下居禁中於典禮有所未安朝廷討論但欲合於典禮以慰天下之望兩宮安則天下安矣徽宗太上皇后傳教旨曰相公所論有理祗南都徽宗御幄殿綱奏皇帝聖孝思慕欲以天下養之意徽宗泣數行下曰皇帝仁孝天下所知都城守禦宗社再安相公之力因與耿南仲議迎奉儀註不合求去章十餘上不允道君入居龍德宮綱請罷知樞密院不允慰諭懇惻綱乃就職又具劄子乞措置

三鎮及詔廷議施行凡八事二十四日以覃恩
轉大中大夫吳敏建議欲置詳議司以綱為提
舉官命既行為南仲所阻綱條上三十餘事欽
宗然之降付三省有密旨綱得都城軍民心批
出有惟辟作福惟辟作威大臣專權寖不可長
之語綱懼乞骸骨歸田里章十餘上皆不允翌
日進見曰人主用人疑則勿任任則勿疑大臣
以道事君不可則止今陛下惑於人言不能無
疑又不令臣得去聖意何在欽宗慰諭久之會

种師道没於軍前師道以病告歸南仲曰欵援太原非綱不可乃以為河東北宣撫使再拜力辭自陳書生不知兵在圍城中不得已為陛下料理兵事實非所長今使為帥恐誤國事不許綱退移疾乞致仕章十餘上或謂綱曰此非有邊事乃欵緣此以去公則都人無辭若堅卧不起讒者益甚上怒將有杜郵之賜奈何綱惶恐受命欽宗錄裴度傳以賜綱言寇戎外患有掃除之機小人在朝蠹害本根其患有不可勝言者

謂宜留神照察欽宗優詔荅之綱乞展行期御
批遷延拒命綱上疏言其所以未可行者顧乞
骸骨解樞筦之任趣召數四曰卿為朕行邊便
可還朝綱曰臣行無復還理旣行之後陛下亦
宜察臣孤忠以全君臣之義二十五日戒行號
令將士斬裨將焦安節以狥翌日進至河陽上
奏頗進君子退小人益固邦本以圖中興天下
幸甚進次懷州綱嘗謂步不勝騎騎不勝車於
是造車千餘輛日肆習之俟防秋兵集謀大擧

有詔罷减所起綱奏太原未解河東甚危秋高馬肥敵必深入臣出使未幾朝廷盡改詔書團結之兵罷去大半防秋之兵甫集又皆遣罷臣恐後有號召無復應者不報日以御批促解太原之圍而宣撫副使制置副使察訪使幹當公事都統制皆承受御前處分綱疏極論節制不專之弊乃詔宣撫司勿輕進兵和議之使冠蓋相望既而徐處仁吳敏復以內禪事責授散官安置涪州綱歎曰事無可為者矣因奏上丐罷

上猶批答不允綱具奏力求罷職乃召赴闕俾
沿河巡視防守之具綱又建章乞罷以本官致
仕九月除觀文殿學士知揚州未幾言者謂綱
專主戰議喪師費財落職提舉亳州明道宮責
授保靜節度副使建昌軍安置再謫江寧金兵
再至欽宗悟和議之非復除資政殿大學士領
開封府事行至長沙即率湖南勤王師入援未
至而都城失守二帝北轅次太平州讀高宗即
位赦書悲喜交集建炎元年除正議大夫尚書

右僕射兼中書侍郎隴西郡開國侯加食邑七百户食實封三百户行次虹縣疏言興衰撥亂非英哲不足以當之中丞顔岐奏曰張邦昌金人所喜宜重其禮綱為金人所惡宜及其未到罷之前後五疏高宗曰如朕之立亦非金人所喜岐語塞復授龍圖學士兼侍讀遂赴行在進對内殿奏曰金人不道專以詐謀取勝朝廷不悟一切墮其計中興衰撥亂内修外攘還二聖撫萬邦皆在陛下顔岐論臣謂臣金人所惡不

當為相如臣愚蠢但知有趙氏不知有全人固宜為其所惡然歧論臣謂材不足任相則可謂全人之所惡不當為相則不可臣愚不知其所喜者為趙氏耶願乞身歸田里高宗為出范宗尹知饒州顧歧與祠公猶力辭上曰知卿忠蒙智畧久矣欲使敵國畏服四方安寧非卿不可其勿辭綱乃受命翌日上十事一曰議國是二曰議巡幸三曰議赦令四曰議僭逆五曰議偽命六曰議戰七曰議守八曰議本政九曰議久

任十日議脩德翌日頒所議國是巡幸赦令戰
守五事于朝餘皆畱中綱因奏曰臣所議張邦
昌僭逆及受偽命臣僚皆今日刑政之大者乞
早降處分邦昌罪狀顯然及四方勤王師進乃
請元祐太后垂簾而議奉迎春秋之法人臣無
將將而必誅今邦昌僭位號止勤王之師不正
其罪以為三公郡王叅大政此何理也方國家
艱危陛下欲建中興之業當先正朝廷而尊僭
逆之臣四方誰不解體又偽命臣僚一切不問

何以勵士大夫之節執政中有議論不同者乞
降旨宣召臣得與之廷辯上乃召黄潛善吕好
問援朱泚爲例綱乃折服之因泣拜曰臣不可
與邦昌同列正當以笏擊之陛下必欲用邦昌
第罷臣勿以爲相乃黜邦昌以散官安置潭州
綱復奏曰靖康之禍仗節死義者在内惟李若
水在外唯霍安國餘未有聞邦昌令吴幵莫儔
傳道意旨王時雍徐秉哲奉金人命追捕宗室
戚里皆臣子所不忍言四人者宜爲罪魁餘以

次謫降因請置看詳院官以通言路有旨兼充御營使以覃恩轉正奉大夫進開國公加食邑四百户綱奏今日之事須有規模所謂規模者外禦强敵内銷盜賊脩軍政變士風裕邦財寬民力改弊法省冗官誠號令以感人心信賞罰以作士氣擇大臣以任方面選監司郡守以奉行新政俟吾所以自治者政事已修然後可以興師問罪金人迎還二聖此規模之大畧也至於所當急而先者莫先於料理河北河東兩路

士民兵將戴宋甚堅皆推豪傑以爲首領多者數萬少者不下萬人朝廷不因此時慰撫分兵以援其危急必且憤怨金人撫而用之皆精兵也莫若於河北置招撫司河東置經制司有功者即命以官有能保全一州收復一郡隨其高下以爲節度防禦團練使如唐方鎮之制使自爲守此今日先務也乃以張所招撫河北傅亮經制河東時適誕皇子綱奏兩路爲朝廷堅守而赦令不及頗因賜赦降詔褒慰兩路守臣將

佐軍民諭以朝廷措置救援不棄之意又詔自今有能收復兩路已陷州軍及救解危急保全一方功効顯著者並除本處節度觀察防禦團練使時開封闕留守力言非宗澤不可許翰至行在綱薦為尚書右丞初汴河上流為盜所決綱命措置二十日水復故道綱運皆來又於兩京城外及沿汴至泗增巡檢商賈始通又進三劄子一曰募兵二曰買馬三曰募民出財以助兵費又議於沿江諸路置帥府要郡使帶總管

鈐轄以寓方鎮之法辟置僚屬將佐以治兵又命招置新軍及御營司兵並依新法團結又奏州縣葺城池結器械又奏沿河江淮造戰船募水軍平居許其自便有故則集而用之又詢訪陝西山東及諸路武臣材畧可用者以備將佐偏裨之用召赴行在凡四十餘日是時朝廷議遣使金綱奏曰堯舜孝弟之至可通神明今日正當枕戈嘗膽使刑政脩中國強則二聖不俟迎請而自歸矣卑辭厚禮無益於事但當奉表

通問兩宮以致思慕之意可也高宗乃命草表
綱奏宜降哀痛之詔無爲虚文務施實惠又具
劄子乞省冗員以節浮費是時劇賊擾山東杜
用起淮南李孝忠亂襄陽皆遣將討平之又奏
曰靖康間雖號通言路然臺諫議論鯁峭者皆
遠貶其實塞之也乃勸上以明恕盡人言以恭
儉足國用以英果斷大事又乞減上供之數以
寬州縣修茶塩之法以通商賈劃東西官田募
民給佃倣陝西弓箭力弩手法養兵于農籍陝

西保甲京東西弓箭社免支移折变而官校閱之又請於河北東路京東西置制置使以遠近相應接又奏車駕巡幸所詣未有定所中外之心未安夫中原者天下形勢根本一去中原則人心搖而形勢傾矣臣嘗建巡幸之策以関中為上襄陽次之建康為下今縱未能行上策猶當適襄鄧示不去中原以係天下之心外議紛紜皆謂還闕無期而天下之勢遂不復振矣後半月上忽降手詔欲巡幸東南避敵綱極言不

可乃收還巡幸東南手詔翌日再具劄子論天下形勢上前上乃許幸南陽而潛善伯彥陰贊巡幸東南之計或謂綱士論洶洶咸謂密有建議東幸已決綱曰天下大計在此一舉吾當以去就爭之至是奏陳當世急務擬進指揮多留中不出八月遷綱銀青光祿大夫尚書右僕射兼門下侍郎加食邑七百戶實封三百戶除潛善右僕射兼中書侍郎潛善遂沮張所罷傅亮綱爭之不得求去上曰卿所爭事小何須便為

去就綱奏人主之職在論相宰相之職在薦人材以將帥為急不可謂小事臣嘗建議車駕巡幸不可去中原潛善等必以此動搖聖意故力沮張所傅亮而去臣臣東南人豈不願奉陛下順流東下為安哉一去中原後患有不可勝言者故不敢雷同衆説以誤大事願陛下留神勿以臣去遂改議也泣辭而退翌日除觀文殿大學士提舉杭州洞霄宮言者遂詆綱兼弟綸與賊通且傾家貲犒賊為緋巾數千有旨落職鄂

州居住綱為相七十五日而罷招撫經制二司皆廢車駕遂東幸兩河郡縣皆沒于賊二年有旨謫官不同一州移澧州居住二年赦還士夫流徙者惟綱不赦潛善建策罪綱謝金也移綱萬安軍安置行次荆州以特恩許自便四年歸邵武七月復除銀青光祿大夫紹興元年提舉杭州洞霄宮九月復資政殿大學士二年除觀文殿學士充荆廣南路宣撫使兼知潭州辭免不允荆湖自庚戌春為金人蹂踐諸州盜賊各

擁衆數萬殘破州縣皆諭降之至潭州先出權
攝官罷科率者輸税擒王俊狀統制張忠彦遂
平湖南丐祠得請即行四年高宗命著建炎時
政記是从劉豫入寇綱陳三策又條陳所宜防
倫者凡十事五年高宗詔問戰守措備綏懷事
宜條列以對二月後觀文殿大學士提舉西京
嵩山崇福宮十月除江西安撫制置大使兼知
洪州兩辭不允六年兼營田大使三月陛辭進
呈劄子凡十有六至撫州六月己巳地震詔求

直言又陳八事轉左金紫光祿大夫時各處招
安人蠭起爲盜八月諸路大旱綱具劄子乞益
修政事時酈瓊叛逆吏兵多歸僞齊綱奏朝廷
措置失當者五深可痛惜者五鑒前失以圖將
來者五大臣懷祿不敢諫小臣畏罪不敢言此
今日可憂之大也九月乞宫祠時張浚既罷外
議皆謂車駕將幸平江綱復具奏臣見張浚罷
相言者引漢武誅王恢爲比浚措置失當誠亦
有罪區區狗國之心有可矜者願少寬假以責

来効又乞宫祠不允以明堂赦恩加食邑五百
户食實封三百户時建康移蹕之議已定綱具
奏極言其非乞宫觀得提舉臨安洞霄宫八年
還次長樂具奏言王倫與金使偕来以詔諭江
南為名不著國號而曰江南不云通問而曰詔
諭此何禮也金人貪婪無厭縱使奉藩稱臣志
猶未已從之則無有紀極不從則前功盡廢反
為兵端今土宇猶廣臣民戴宋不忘尚足有為
豈可忘祖宗大業生靈屬望遽自屈服冀延旦

夕之命弍九年除知潭州荆湖南路安撫大使累辭提舉如舊十年正月有從父弟經傳學早世綱以上元日具家饌致祭撫慟感疾是日薨年五十有八訃聞高宗震悼遣使賻贈除特進致仕贈少師謚忠定官親族十人是冬十月十四日塟懷安縣桐口山十三年以郊恩贈太保十四年贈太傅綱負天下之望以一身用舍為社稷安危宗使至金必問李綱趙鼎安否其為遠人所畏服若此子八人儀之石奉議郎宗之

右宣教郎集之右通直郎澗之望之皆早卒茂
之秀之右宣議郎申之為綸後孫九人元末有
逸士學遜者為九世孫

論曰予覽時事至靖康建炎未嘗不輟書嘆也
忠定陳廟社大計畢力匡時使其獲佐二帝豈
北轅中原不遂淪没一阻於李邦彥耿南仲白
時中又再敗於汪黃宋室不可復振矣雖曰天
命豈非人事哉予少時過邵陽郡庠南面有祠
祀忠定予樞衣肅謁低回不能去再過之則祠

地為墟里人言前守以其私易置他所嗟乎嗟
乎

陳俊卿

陳俊卿字應求莆田人紹興進士泉州觀察推官秦檜以不附己抑之檜死乃以校書郎召累遷殿中侍御史時災異數見全人圖南侵俊卿力爲張浚辨謗移浚守建康全亮渡淮俊卿權兵侍受詔整浙西水軍李寶因有膠西之捷亮死詔俊卿治淮東堡砦屯田所過安輯流亡孝宗受禪言爲國之要有三用人賞功罰罪所以

行之至公而已遷中書舍人時孝宗以閫外屬
浚謂俊卿忠而有謀令判江淮宣撫兼權建康
府事會議和召還隆興初建督府除俊卿禮部
侍郎參軍事浚謀大舉俊卿以爲未可已而邵
宏淵兵潰浚待罪俊卿亦乞從坐詔貶兩秩後
以俊卿屢疏復浚都督且召俊卿入相爲湯思
退尹穡所擠以寶文待制知泉州請祠及竄思
退太學諸生伏闕下乞召俊卿乾道元年入對
極論朋黨之弊除吏部侍郎同修國史以非叅

政錢端禮爲所憾，改知建寧府，踰年，授吏部尚書，尋館伴金使龍大淵副之。公見外，不交一語。後言於上，出曾覿、大淵，中外稱快。二年冬，參知政事。四年十月，授尚書右僕射、同中書門下平章事，兼樞密使。俊卿薦虞允文爲右相，建議使金，以陵寢爲請。俊卿面陳，復手疏以爲未可。樞密承旨張説爲親戚求官，憚俊卿不敢言，會在告，請於允文，得之。俊卿聞，勅已出，追還不與。説深憾之。俊卿數求去，以觀文殿大學士帥福州。

淳熙二年起判建康俊卿去建康十五年復来為政簡靖父老咸悅除少保判建康如故八上章請老以少師魏國公致仕薨年七十四贈太保謚正獻俊卿性天忠孝正色立朝雅善汪應辰數薦朱熹子定守宓俱從朱子遊守官將作監定任右承奉郎宓監進奏院以忤史彌遠出守終直秘閣奉祠三人皆不媿父師云

葉顒

葉顒字子昂莆田人紹興進士簿南海知上虞

縣以賀允中薦召見論復讐語甚剴切高宗嘉納除將作監簿知處州湯思退家奴犯禁繩以法思退不悅移知常州高宗視師建康過毗陵賜對再次力薦張浚可用召顒除尚書郎孝宗即位除吏部侍郎後權尚書編七司條例上嘉之乾道初除端明殿學士拜參知政事同知樞密請罷梁俊彥沙田蘆塘與戶侍林安宅論行鐵錢相左為所中傷以資政殿學士提舉洞霄宮後置對無驗安宅坐貶召顒趣闕進尚書左

僕射兼樞密使薦汪應辰王十朋林光朝等十人可備執政侍從臺諫給舍之選又極論龍大淵曾覿斥罷之三年日南至南郊雷雨作顯引故事上印綬乃除左正奉大夫太平興國宫郎日還抵莆一夕就寢整衣端坐而逝年七十贈特進累贈少師謚正簡顯與林師説高登善登積忤秦檜逮捕甚急顯與同邸令其遁去登曰不爲君累乎顯言以此獲罪固所願也其風槩如此

龔茂良

龔茂良字實之莆田人紹興進士簿南安郡武司法累遷吏部郎中除監察御史上疏切直除右正言極論龍大淵曾覿姦田不報家居待罪除太常少卿五辭不拜除直秘閣知建寧府自以不為群小所容請祠不允後上逐二人起茂良廣東提刑知廣州召對崇政殿左相陳俊卿欲留之右相虞允文不樂會俊卿罷相除茂良直顯謨閣江西運判兼知隆興府會江西連歲旱

甚竭心賑恤除禮部侍郎拜參知政事葉衡罷上命茂良行相事薦朱熹除秘書郎不至時曾覿欲以文資祿其孫茂良待罪求去不允謝廓然附曾覿者有詔賜出身除侍御史林光朝爲中舍不書黃補外茂良求去益力手疏恢復六事上怒廓然因劾之乃落職又以擅撻賈光祖責降安置英州父子俱卒貶所覿廓然死後茂良家投匭訟冤復通奉大夫資政殿學士謚莊敏

留正

留正字仲至晉江人從效六世孫也紹興進士陽江尉清海軍節度判官用龔茂良虞允文薦知循州陛辭言士大夫欲恢復當崇尚名節孝宗益喜除軍器監簿歷考功郎官起居舍人尋權中書舍人時光宗為儲貳請於上兼諭德為中書舍人兼侍講兼權兵部侍郎除給事中張說子爲除知閤門樞密副承旨正封還詞頭又言洪邦直為邑人所訟不宜任風憲正權吏部

尚書論事忤時宰意以顯謨閣直學士知紹興府坐前帥事降職奉祠尋復知贛州隆興府進龍圖閣直學士四川制置兼知成都府為政簡靖蠲租平羌着績詔赴行在歸裝僅數篋人服其清除端明殿學士叅知政事同知樞密院事孝宗密諭受禪意拜右丞相光宗受禪姜特立以隨龍恩擢知閤門事正列其招權預政乞斥逐未報會以擇叅佐有言正復奏之遂詔特立奉祠紹熙元年進左丞相謹法度惜名器毫髮不

可干以私引趙汝愚首從班卒與共政事用黄
裳為皇子嘉王翊善世號得人以定儲事處分
得宜人情稍安進封申國公上疾浸平正乞歸
政不許屢言蜀吳氏世將必為後患歆留曦環
衛不從後皆如其言進少保封衛國公李端友
以椒房親手詔除郎正繳還屢執奏乞罷不從
待罪六和塔凡一百四十日上尊號壽聖太后
以正為禮儀使攝太傅拜少傅封魯國公力辭
五年正月孝宗疾革正數請車駕過宮上拂衣

起正引裾泣諫隨至福寧殿門退復上疏激切六月戊戌孝宗崩光宗以疾未能執喪正率同列屢奏乞早正嘉王儲位又擬指揮付學士院降詔尋得手詔念欲退閑始懼請對不報即出國門上表請老既而趙汝愚以內禪請于憲聖謂定儲詔未下遽及此他日必難處論既遠異以肩輿逃去寧宗即位入謝復出憲聖命速宣押趙汝愚亦以為請正復相入賀且請車駕一出慰安都人心韓侂胄浸謀預政數詣都堂正

便省吏諭之此非知閤日往来地侂冑怒而退後以數事失上意侂冑從而間之八月手詔以少師觀文殿大學士致仕諫議大夫劉德秀論正四罪褫職責授中大夫光祿卿邵州居住復光祿大夫提舉洞霄宮上章納祿詔復元官致仕開禧二年七月薨年七十八贈太師謚忠宣子恭歷數郡直徽猷閣有循良名丙知宜梅循三州遷司農丞倉部郎中鐫知邵州直龍圖閣正諸子中尤賢者碩知岳州入為大理丞鐫子

元英工部侍郎元圭知建安縣恭子元剛秘閣校理直學士院有匡世之志丙子元治主管睦宗院元均通判惠州皆克世其家

梁克家

梁克家字叔子晉江人紹興進士第一平江僉判召為秘書省正字遷著作佐郎災異數見應詔陳六事累遷中書舍人乾道三年南郊雷震復條六事遷給事五年拜端明殿學士遂叅知政事時虞允文主恢復克家論數不合丐去不

允八年拜右丞相兼樞密使允文既罷克家獨秉政近戚權倖不少假借而外濟以和張説入樞府謀中傷士大夫不附已者克家悉力調護善類賴之以議金使朝見授書儀與説不合遂求去以觀文殿大學士知建康府淳熙八年知福州召除醴泉觀使九年拜右丞相封儀國公逾年疾作十三年以内祠兼侍讀明年辛年六十贈少師謚文靖克家丰度峻整尤有文名于

億父任補官至通判福州

鄭昭先

鄭昭先字景紹閩縣人淳熙進士浦城主簿擢監文思院知歸安縣民愛之累官左司諫侍御史言君天下要道有三畏天命法祖宗結人心除右諫議大夫累官知樞密院事兼參知政事進右丞相辭不拜旱災求言有封事過訐者欲議加罪昭先曰以直言求人豈可罪之景獻太子薨昭先請以仁宗爲法廟謨始决居政府沈厚鎮靜振拔淹滯卒之日有星墜故居謚文靖

鄭性之

鄭性之，侯官人，初名自誠。嘉定進士第一，平江軍節度判官。召對，除秘書省正字，累遷知袁州。召入，時東宮虛位，性之乞早定大計。出知贛州，歷江西安撫使。召爲吏部侍郎，劄六上，懇切忠藎。官終知樞密院兼參知政事，加觀文殿學士致仕。性之早游朱熹之門，治郡所至，去官就利，立朝無所附麗。謚文定。

曾懷

曾懷字欽道孝寬曾孫也建炎初為金壇主簿鞫獄有聲知真州訓民兵有紀律張浚奇之乾道初擢戶部侍郎進尚書知婺州三月召還賜同進士出身叅知政事八年拜右丞相封魯國公在位逾年罷卒于吳門懷嘗言事大者視之以小事小者視之以大天下無事矣人以為名言

任希夷

任希夷者字伯起諫議大夫伯雨之後也先世

為眉州人後家邵武淳熙進士浦城簿蕭山丞開禧初主太常寺簿累遷禮部尚書兼給事中謂朱熹張栻呂祖謙皆賜謚而周惇頤程顥程頤張載為百代絕學之倡乞定議賜謚從之進端明殿學士簽書樞密院兼參知政事布衷少從朱子學以開濟士見稱執政具員值史彌遠柄國不無拱默之議提舉洞霄宮卒贈少師謚宣獻

陳韡

陳韡字子華父孔碩別有傳韡讓父郊恩與弟韍同登開禧進士嘉定中賈涉辟為京東河北為幹官營田實兵後有堂門之捷遷將作監丞累官倉部員外郎紹定中盜起閩中除知南劍州諸路兵馬鈐轄兼福建提刑招捕使遂平諸郡及江西廣東諸寇節制三路兵馬進華文閣待制江西安撫使初贛賊張甚韡出師四閱月凱還奏解三路節制司進權工部侍郎仍知隆興兼江西安撫使歷端明殿學士參知政事兼

同知樞密院事韓暫居政府將畧乃其所長以
福建安撫大使知福州致仕
徐榮叟
徐榮叟字茂翁浦城人與弟清叟同年進士歷
永康令召爲太學博士兼崇政殿說書嘉熙中
由左司諫拜諫議大夫遷權禮部尚書兼吏部
拜端明殿學士簽書樞密院淳祐初參知政事尋
以資政殿大學士奉祠卒謚文靜
徐清叟

徐清叟字直翁籍田令應詔抗章乞置濟王後詞甚悲切端平中為殿中侍御史遷太常少卿兼權戶部侍郎屢請外歷官知廣州兼廣東經畧安撫使召還權兵部尚書兼侍讀淳祐末拜端明殿學士同知樞密院事封晋寧郡公尋叅知政事尋以資政奉祠開慶初召提舉佑神觀兼侍讀出知泉州景定中致仕卒贈少師謚忠簡清叟兄弟皆以風節相尚然劾罷袁甫不恊公論

劉珙

劉珙字共父崇安人父子羽别有傳珙初從叔父子翬學第進士爲禮部郎坐忤秦檜廢檜死召入權中書舍人御史杜莘老以論宦者張去爲左遷珙不草制莘老遂得留從幸建康兼直學士院出知泉州改衢州又知潭州充湖南安撫使降李金有功除翰林學士知制誥兼侍讀拜同知樞密院事因薦汪應辰陳良翰張栻學行尋兼知參政事奏蠲福建廣東鈔鹽逋負以

億萬計未幾坐論曾覿王琪予祠陳俊卿請留之改知隆興府江西安撫使陞辭上六事尋除資政殿知荆南府湖北安撫使以繼母憂詔起復為同知樞密荆襄六疏懇辭服除再帥湖南入見極論邊事進大資政以行盡擒茶寇誅其首惡數十人餘隸軍籍淳熙二年移知建康府江東安撫使行宮留守會水旱極意賑卹徙觀文殿學士屬疾請致仕卒年五十七贈光祿大夫謚忠肅珙精敏果斷盡心所事史謂其忠義

世家有古大臣風烈

黄洽

黄洽字德潤侯官人隆興初試禮部第二進士及第累官太常丞除右正言尋為侍御史中丞叅知政事以資政殿大學士知隆興府致仕洽常言居家不欺親仕不欺君仰不欺天俯不欺人幽不欺鬼神何用求福利哉沉毅質直兩朝推重論列甚多

鄭僑

鄭僑字惠叔，興化人。乾道五年進士第一，簽書鎮南軍節度判官，轉著作郎、吏部司封。静重自守，不入執政之門。侍講東宫，請外，提舉江南西路常平茶鹽。淳熙八年服除，過闕，命常平淮東。適歲祲，請米四萬石，宣布上意，民無轉徙。以妻喪乞祠，主管冲祐觀。入為禮部郎中，兼太子侍講。除起居舍人，留為左庶子，兼權給事中。適陳婉容父以墨詔遷官，僑封還寢其命。使金賀正，金主寢疾，鎮伴千餘人逼使就東閤門進書，僑

屹立自朝至日中不為動傳命遣回至中山閩
金喪入境則光宗受禪矣道除給事入見上嘉
奬之尋以孝宗命兼侍講修撰實録又權吏部
尚書兼侍讀每有敷陳上采納之乞外甚懇除
顯謨閣學士知建康府至建康歲仍不登蠲賦
招商所活甚衆進龍圖閣學士寧宗即位召拜
樞密同知明年參知政事進知樞密院事甫三
月再上章求退除資政殿大學士知福州提舉洞
霄宮三疏請老以觀文殿學士致仕卒僑孝友

端重歷事三朝忠實見稱或言其扳附侂胄學為黨子寅最知名

鄒應隆 史稱應龍無所考見但歷序其官職并不詳河處人

鄒應隆字景初泰寧人慶元二年進士第一擢秘書出知南安軍召為正字遷校書郎改著作兼資善堂直學士侍書開禧初兼直講遷起居舍人玉牒所檢討官韓侂胄開邊應隆議不合以直龍圖知贛州明年除江西提刑兼郡侂胄誅擢中書舍人嘉定元年假戶部尚書賀金生

辰回言虜必亡除詹事兼中書舍人二年權吏部侍郎給事中兼詹事右庶子言事切直不避權倖以寶文待制知泉州改建寧復除寶謨直學士知池州九年進直煥章閣廣西經略十三年直敷文閣帥湖南寶慶改元除工部尚書改刑部侍郎知貢舉復守贛州乞祠家居久之端平初由知太平州召拜禮部尚書嘉熙元年進端明殿太學士知樞密院權參知政事為言者所論改資善學士沿海制置不拜而歸加太子

少保光禄大夫卒贈少保應隆以迎合得大魁及叅政與佗胄同事不為少屈

張磻

張磻字渭老羅源人嘉定進士歷太常博士宗正丞國子祭酒權禮部侍郎加集英殿脩譔知婺州復權兵吏二部尚書寶祐初叅知政事極言史嵩之奪情起復之非奸計遂沮直聲動天下進封長樂郡公致仕卒贈少師

王伯大　史作福州人

王伯大字幼學寧德人嘉定進士國子學正歷江東提舉常平兼知池州臨江軍端平中累遷直寶謨閣左司郎中進對言人主之患處危亡而不知人臣之罪知危亡而不言又言邊事屈曲盡事情官至參知政事為陳垓論罷以資政學士知建寧歸築營田陂卒謚忠定見子積翁見前監

論曰宋自渡江一隅偏安為相皆南人吳閩最甚亦不乏賢使行其志所措注恢復必有可觀

者然皆因於讒間不能久居政本盖俊卿茂良中題正珙諸人之賢不能勝龍大淵曽覿張說謝廓然劉德秀諸人之佞也中庸言去讒賤貨所以勸賢諸君昏庸去佞則如拔山任賢則如轉石天下事尚可為哉悲夫

楊榮

楊榮字勉仁建安人建文庚辰進士授翰林院編脩永樂初建内閣簡儒臣七人典機務榮齒最少遷脩撰數月進侍講奉

命甘肅計邊事稱
旨尋命侍諸皇孫學隨
駕征瓦剌還遷翰林學士兼庶子十六年
高廟實錄成命掌院事榮因陳十弊進文淵閣
大學士扈從北征榮陳便宜十事皆見施行二
十一年秋復扈從西征駐蹕萬全一切軍務悉
以委榮明年復從北征中道兵餉不繼下令班
師未幾
上崩以去都尚遠不發喪推榮及中官海壽馳

報皇太后宣太行遺命
仁宗嗣位累遷太子少傅兼謹身殿大學士尋
進工部尚書兼前官宣德初高煦反廷臣多異
論惟文臣三四人勸親征榮其首也遂扈從討
平還加殊錫是年捌月車駕幸邊至遵化寇追
塞下
上率鐵騎數千馳擊之文臣獨榮從既還進少
傅後兩扈從巡邊皆至洗馬林而還正統改元
宣廟實錄成榮以總裁進光祿大夫柱國少師

兼尚書大學士如故
上勤聖學同知經筵五年請還省墓遣中官護
行還京至武林驛卒年七十贈太師謚文敏曾
孫旦

楊旦

楊旦字晋叔弘治進士授驗封主事進考功郎
中尚書王恕倪岳馬文升咸器重之陞太僕少
卿改太常正德初告歸省覲中官劉瑾怒不謁
辭責以違限調温州知府陞浙江提學副使瑾

誅遷順天府丞晉京兆尹南京户禮二部侍郎右都御史提督兩廣軍務改晉都長院未至陞南户部尚書尋改南吏部已而召為太宰時議大禮旦卒留都卿佐上疏忤旨令致仕卒于家

陳山

陳山字伯高沙縣人洪武間鄉薦歷始興奉化教諭預脩永樂大典擢吏科給事中特旨掌六科事尋命授皇太孫經

仁宗即位晉春坊庶子尋擢户部左侍郎宣德
中為户部尚書兼謹身殿大學士領機務竟兩
朝實錄總裁隲征高煦罪人既得有言趙王與
煦通謀者山請移師彰德襲而執之後
上知趙王無反狀遂不喜命山專教内豎罷内
閣之任請老章四上許之歸至邳武疾卒
論曰國初閩人惟楊文敏柄政最久陳山以甘
盤之舊得預機密二人而後六卿八座踵相接
也登黃閣者竟寥寥焉豈盡南人福薄不可為

相耶抑多骯髒未得同升耶榮雖建文從官真主龍興輸誠推戴密勿四朝功在廟社蓋一代宗臣也崇爵冠乎群后餘慶衍于后昆固其宜哉山庸瑣無足稱業緒亦不顯

楊億

楊億字大年浦城人七歲屬文雍熙初年十一召詣闕授秘書省正字淳化中獻二京賦命試翰林賜進士遷光祿丞直集賢院轉著作佐郎真宗在京府從祖徽之首僚邸中書疏悉億草定上即位超拜左正言修太宗實錄億草三之一書成乞外知處州召還為左司諫知制誥賜金紫時議西事億言靈武可棄會修策府元龜

序次體制皆億所建拜翰林學士同修國史祥符中加兵部員外郎戶部郎中億剛介寡合王欽若相與毀訾責授太常少卿分司西京久之起知汝州代還知禮院判秘閣太常寺天禧中拜工部侍郎復為翰林學士兼修撰億文雄健才思敏捷學者翕然宗之真宗立德妃劉氏為后欲令草制億不奉詔卒年四十七贈禮部尚書諡曰文弟偉

偉

偉字子奇天禧初獻頌召試學士院賜進士及第歷太常博士用薦為集賢校理通判單州累遷兵部員外郎同修起居注知諫院皇祐中拜翰林學士進中書舍人卒贈禮部侍郎

論曰甚哉人之好怪也楊文公蚤有俊譽存歷清華在詞林與王文正寇忠愍以直道相期如力通青海求龍種死諱文成食馬肝託意規諫可為不知者道耶石介作怪說二篇一排釋老其一詆億直諒多聞而目為怪宗

多議論不樂成人之美如此介自為怪而謂人怪異乎吾所聞

曹修古

曹修古字述之建安人與弟修睦同舉進士遷監察御史上四事辭甚剴切司天主簿苗舜臣等言土宿留參太白晝見百官希旨異同舜臣坐譴修古極論之時崇建諸路塔廟修古復言其不可久之出知歙州歷殿中侍御史刑部員外郎知雜事同判吏部流內銓以言外戚濫恩

忤劉太后意左遷工部員外郎通判杭州未行改知興化軍會赦復官卒修古立朝有風節太后臨朝權倖用事人人顧望修古遇事輙言無所回撓太后崩特贈右諫議大夫賜錢二十萬修古無子以兄子覲為後覲别有傳

脩睦

脩睦歷都官員外郎知邵武軍景祐中用杜衍薦為侍御史改司封員外郎出知壽州徙泉州坐罷後起知吉州不至卒年五十一章得象表

其高節詔還所奪官

蔡襄

蔡襄字君謨仙遊人與弟尚幼為道童縣尉凌景陽奇之勉令就學為西京留守推官范仲淹言事去國余靖尹洙歐陽脩皆坐譴襄作四賢一不肖詩都人傳誦契丹使粥其書歸慶曆三年仁宗更用輔相擢靖脩及王素為諫官襄知諫院襄言聽諫非難用諫為難三人必能盡言但群邪不利造為譏之之說必曰好名好進彰君過

而已顧陛下裁察襄論事無所回撓進入史館
兼脩起居注以老母求知福州改福建轉運使
開古五塘溉民田奏減五代丁口税之半復脩
起居注唐介劾宰相觸盛怒襄上疏乃得以英
州易春州進知制誥除授不當者輒封還遷龍
圖閣學士知開封府再知福州郡人周希孟陳
襄鄭穆陳烈以行誼著襄備礼招延誨諸生以
經學徙知泉州距州二十里萬安渡絶海而濟
險甚襄立石為梁其長三百六十丈種蠣于礎

為閩至今賴之又植松七百里以庇道路召為翰林學士三司使為飛語所中會數謁告因命擇代者襄乞知杭州拜端明殿學士未幾丁內艱歸卒年五十八贈吏部侍郎初端明與屯田員外郎劉昇約婚襄登禁從昇没家益落及知福州就申前約其家力辭襄曰古人掛劍尚有心許吾與劉君意氣相求兩家之好一言可食耶凡女家資遺悉自為治使其子向受室以歸襄工書法仁宗愛之命書元舅隴西碑及温成

后父碑則曰此待詔職耳不奉詔乾道中以曾
孫佖請賜謚忠惠襄三子旬甸旻皆早世旬子
傳守將作監判南京留守司卒子三人長橚大
觀三年與從父佃同進士官至朝奉大夫次樞
政和五年與從父伸同進士官湖南提學事子
頔孫師言敷言皆登第旻子伸崇寧進士第二
星變論宰相非人責溫州監稅累官朝奉郎伸
歷知四州以趙鼎黨奉祠累年竟不屈於秦檜
官至左中大夫卒其子洸戶部尚書徽猷閣學

士亦有清操

論曰予齠齡有識知即聞蔡君謨守吾郡及泉俱再所注措為閩人千百世利迄今黄口兒能道之後予讀宋史知君謨立朝讜諤昂首伸眉論是非無所避誠可與曹氏兄弟鴈行籍令居冣軸盡究其用所樹立可涯涘哉詩曰彼其之子邦之司直三人有焉

陳襄

陳襄字述古侯官人與周希孟陳烈鄭穆友倡

道海濵稱四先生襄慶曆進士浦城主簿知河陽縣守富弼入相薦為秘閣校理判祠部知常州入為開封府推官監塩鐵判官出知明州改侍御史知雜事言青苗法管夷吾商鞅之術非聖世所宜行望斥王安石呂惠卿以謝天下罷韓絳政府以杜大臣爭利而進者皆不聽試知制誥辭乞補外畱脩起居注逾年知制誥直學士院安石摘其書詔小失出知陳州徙杭州卒贈少師謚忠文時稱古靈先生襄早有盛名莅

官所至講求民間利害尤留心於教化有古循
吏風在經筵嘗言司馬光呂公著韓維可備心
膂不宜久外鄭俠狂直頗乞生還又薦范純仁
蘇軾等三十三人帝不能用
論曰予邑古靈山中至荒陋寔由先生着聲
矣先生溫厚直方所至薰其德善良者豈少
熙備顧問所言獲售於君德治道富有裨益
新法之行其可已哉先生吾郡人物領袖迺
古靈後昆孑然無聞予不能無太息焉

鄭俠

鄭俠字介夫福清人治平中隨父官江寧為王安石所知舉進士調江州司法參軍秩滿入都謁安石言青苗免役及用兵數事皆不便安石默然久之監安上門會久不雨俠以所見饑民流離萬狀為圖及奏疏上之翌日蠲放凡十八事民讙呼相慶越三日大雨安石上章求去下俠獄得釋後惠卿執政行新法益堅俠又上疏論之仍取唐魏徵姚崇宋璟及李林甫盧杞傳

為兩軸題曰正直君子邪曲小人以在位行事
暗合者分類獻之惠卿大怒欲寘死地上察其
忠誠不深罪也編管英州久之放還哲宗朝用
蘇軾孫覺薦除泉州教授元符後蔡京執政再
竄英州崇寧初復將仕郎卒紹興初贈朝奉郎
官其孫嘉正為山陰尉歷知建昌軍

論曰孔子言歲寒知松柏之後凋也介夫忠
誠謇諤雖屢顛沛猶將不忘國家之憂所謂
歲寒松栢非耶安石始稱介夫至所言則如

水投石甚哉知己之難也陝當年身則已困名久益彰予聞福清人言其里有鄭公坊云

吴申

吴申字景山甌寧人皇祐初進士南國學教授召為說書英宗初直講睦親宅以争坐决於上前講官正席自申始神宗擢為御史尋知諫院司馬光呂惠卿在講筵議坐倉糴米事申以光言為至論後罷諫職出知舒州卒

余象

余象仙遊人慶曆進士歷光祿寺丞首奏王安石議論詭僻安石憾之出判宜州又奏安石小人用之必至紛更其黨皆不平蔡襄余靖力辨得免仁宗亦知其直除太常博士英宗即位嘉其敢言召見除屯田員外郎又出判宣州人安之乞象領州事司馬光呂公著言象類汲黯當從民望即授都官員外郎知宣州神宗即位授職方員外郎通判南劒州遷禮部郎中力薦胡瑗門人錢藻孫覺錢公輔范純仁遂乞致仕呂

公著上所著書於朝欲大用之尋卒

張泌

張泌字順之浦城人祥符進士知寶應縣慶曆中召試館閣累遷秘書丞右正言知諫院改殿中侍御史坐論張堯佐出知維州移河東路察訪使未行召為侍御史遷禮部侍郎給事中進刑部尚書卒贈開府儀同三司

劉夔

劉夔字道元崇安人第進士遷屯田員外郎權

侍御史論李照不當輕改樂器歷三司戶部判
度支江浙淮南轉運使知陝州廣州所至有廉
名桂陽蠻為寇以諫議大夫龍圖直學士帥湖
南招降不聽舉兵勦之州境遂安京東盜起進
給事中樞密直學士知鄆州發廪賑貸盜賊衰
息大臣議復黄河故道夔極言不可遂止遷工
部侍郎知福州請解官入武夷不許改知建州
尋以戶部侍郎致仕英宗立遷吏部卒年八十
三夔嘗過江東見二囚久繫吏言殺吉州椽徐

咸者為請於朝釋之後獲真盜䕫好道家言得養生術于隱者至老强健於少壯時居鄉賑貧嘗不乏絶前死六日作遺表以所餘禄賜徧頒族姻告其家人吾某日不諱果然

陳彦恭

陳彦恭莆田人曾祖絳咸平進士知福州祖動之天聖進士秘書丞父侗嘉祐進士衛尉少卿彦恭元祐三年進士乙科調太平州司法擢編修勅令所删定官以事忤蔡京改通判代輩二

州宣撫童貫至肇守帥以下屬橐鞬拜道左彥恭獨朝服長揖貫滋不悅會罷歸除提轄江東坑鑄冶錢京黨王桓欲增監鼓鑄彥恭持不可桓怒以聞罷歸久之知壽春全人冠京師彥恭讀勤王詔泣下悉禁旅而西諭判將李安合兵討劇賊李全斬之州以無事歲餘復請祠避地會稽請老卒瘞平江

周常

周常字仲脩浦城人第進士歷太常博士以養

親教授楊州未五十致仕元符初起崇政殿説
書坐救鄒浩被貶徽宗立召為國子祭酒凡所
論列類指切時弊進中書舍人禮部侍郎蔡京
用事不能容以寶文閣待制知湖州尋奪職居
婺州復集賢殿修撰卒

章衡

章衡字子平係浦城人嘉祐二年進士第一通
判湖州直集賢院改塩鉄判官同修起居注為
三司使所忌出知汝州徙潁州熙寧初入判太

常寺多所論列出知定州秦罷原武監弛牧四千二百頃予民復判太常知審官西院使遼燕射連發破的遼以文武兼備待之異他使進編年通載賜三品服判吏部流內銓尋拜資文閣待制知澶州元祐中加集賢學士復以待制知楊廬宜潁諸州卒年七十五

陳軒

陳軒字元輿建陽人進士第三元祐中為徐王翊善歷右史中書舍人疏復諸道帥守面辭召

對故事既而館伴高麗使者為請市書被論出知廬州徽宗立除兵部侍郎兼侍讀力陳青苗之害勸帝以清淨為治加龍圖閣直學士知杭州改福州卒年八十四

陳師錫

陳師錫字伯脩建陽人熙寧中遊太學廷試奏名甲乙間神宗覽其文必陳師錫啓封果然擢第三調昭慶軍掌書記郡守蘇軾器之倚以為政軾得罪詣臺獄親朋多畏避不相見師錫獨

出錢之又安輯其家歷監察御史用事者惡其立異出知宿遷縣元祐初用薦除校書郎遷工部員外秘閣校理提點開封縣鎮畿內將官慘刻失志大閱課諱師錫處置得宜縣人歎服樞密以不先白為罪罷知解州徙蘇州徽宗立召拜殿中侍御史疏章惇罪惡請司馬光呂公著等贈謚墓碑又言蔡京與其弟卞迷國誤朝若果用之天下益多事矣俄拜考功郎中師錫言蔡京典刑未正頓受貶竄出知鎮廬滑三州坐

黨論監衡州酒稅尋削官安置郴州卒年六十九師錫與陳瓘同論京卞時號二陳紹聖中贈直龍圖閣

論曰予兒時即知莆田陳彥恭建安陳師錫名想其為人恨生也晚欲與之上下議論無由也觀其出餞蘇子抗論章蔡屹立群邪間無少顧避善善惡惡亦嚴矣哉

傅楫

傅楫字元通仙遊人陳襄以其子妻之治平四

年第進士楊州司户檄攝天長令歷大谷令部使交薦改知龍泉縣道除太常博士未嘗一入權門徽宗就資善堂學曾布于楫有汲引恩冀為之用楫無所回互布大失望楫每勸帝遵祖宗法度清心省事歸削其草至親亦不聞后因李清臣進言上曰傅楫所疏甚詳人始知之在朝歲餘見時事浸異嘆曰禍其在此乎累求去以龍圖待制知亳州卒年六十一仲子誼夫兵部侍郎

上官均

上官均字彦衡邵武人凝之子也神宗策進士擢均第二授大理評事北京留守推官改國子直講光祿寺丞尋拜監察御史裏行相州富人子被誣殺人獄讞子審刑大理詔貸其死京師流言法官受賕逮繫御史府知制誥蔡確引猜險吏數十人訊治檢法官竇華等獄具無敢明其冤均是時方以確薦為御史奏乞移勘未報明月又言確持刑刻深所辟皆恃勢淩轢臣職

風憲安敢覆蔽碩以獄事責臣恭治疏入責均
光祿寺丞知光澤縣後華等事白還監都進奏
院哲宗即位轉開封府推官元祐元年再除監
都進奏復經術試士又言青苗無惠民之寔為
終歲患章再上青苗遂罷轉承郎議蔡確弟碩
為軍器少監盜官錢萬計均并劾確乞正其罪
不報遷殿中侍御史久之乞解臺職遷禮部員
外郎元祐五年再授殿中侍御史時傅尭俞許
將韓忠彥三人論事異同各求罷相均言尭俞

等争辨皆公論宜令還職協和許將竟罷尚書右丞知定州均復疏言蘇轍呂大防堅强自任毀譽失寔臺諫承二人風旨朝廷咸福自是倒植章四上不報大臣指為朋黨以均知廣德軍移河北東路提刑紹聖元年召拜左正言時相章惇陰去異己出吏部尚書彭汝礪知成都府而召朱服中書舍人均言汝礪高潔服憸倿顧寖成命大忤惇意汝礪降職出均京東西路提刑遷梓州路轉運副使知越州徽宗即位除秘

書少監道拜起居郎轉朝奉大夫充國史院編修擢中書舍人建中靖國元年遷給事中充吊慰大遼國信使言者論均奉使衣服不如例降朝散郎後以龍圖待制知永興軍徙襄州崇寧中蔡京用事籍元祐姦黨司馬光文彥博而下三百九人均與焉奪職奉祠大觀二年復朝請大夫主管洞霄宮四年建儲復集賢修撰政和五年復龍圖待制請致仕卒年七十八贈通議大夫均剛方忠義三以言黜恬不為慍撫教諸

孤姪登進士者二人自奉清約宗族貧者賑之

不怠季子愔

愔

愔字仲雍政和二年進士宣和六年除太學正

高宗即位除宣教郎建炎二年除吏部員外郎

以親老丐祠紹興五年知南劍州鑿顯淡諸險

舟人便之九年召赴行在請祠益力轉朝奉郎

賜五品服尋卒愔守延平去家不數程親故莫

敢詣代還家其橐已罄

論曰予數過樵陽人稱其郡故多才賢即和平一里上官氏登甲科至數十人予稽郡志所指數不虛也彥衡父子祖孫誠多賢矣然數十人中有聞者數人而已方均對大廷立中朝以迎合新法得舉首葉祖洽則同郡人也以憸壬居鼎軸若黃履潛善皆其邑人也嗟乎科目以文取士其弊已久謂賢乎哉

辛炳

辛炳字如晦侯官人元符進士累官監察御史兼權殿中侍御史時蔡京廢發運司轉般為直達部受虛數人莫敢言炳極疏其弊京怒謫監南劍州新豐場紹興初復召為御史連疏三省所行乖失數十事又請罷福建添差冗官百八十員蘇湖地震炳言大臣無畏天之心何事不可為劾宰相呂頤浩罷之除御史中丞時遣使

議和炳言金人無信宜講守禦攻戰之策以疾
請外除顯謨直學士知漳州卒炳砥礪清修貧
不克葬詔賻其家贈通議大夫

張甞

張甞字柔直懷安人遠祖睦唐末自光州固始
入閩為王審知三品官領榷貨務招商禮士歛
不為暴國用益饒睦卒辭文傑代之民不堪命
益思睦為立祠後偽閩贈太師尚書右僕射梁
國公與押衙孟威等俱配食審知子廡仕閩為

殿中侍御史從侯官徐壔為磕源東瀆之祖焉

黌居磕源政和間進士以小官需選京師時蔡京當國延師訓子弟或以黌薦一日謂子弟汝曹學走乎諸生曰何也黌曰天下被而翁破壞賊來先至你家汝曹善走庶可逃死諸生以為病狂告于京京亦自知其為怨府也亟就黌問計黌曰宗社危在旦夕惟亟引耆德老成人置上左右羅忠義之士布列中外猶可及止京詢其人黌薦楊時京因召時然已無及矣黌後知剱

州范汝為黨葉徹寇州統制任士安擁兵城西不肯救嚳獨率州兵大破賊函徹首與士安士安大喜州兵大憤嚳曰賊衆我寡幸一戰之必再至須大兵協力乃可既而賊黨果大舉兵安與州兵夾攻破賊全其城召為考功郎中累遷直龍圖閣知處州盡平餘寇卒贈秘閣修撰南劒人奏立廟祀之

論曰吾郡東南舍許為磕源有張龍圖故宅詢諸土人猶能識其處云方諸蔡用事氣勢

燻灼能生死人孰敢以直言進者張君以下客掀髯鼓吻陳說善敗抑何壯也及守南劍又折節于任士安彼豈畏一統制勇怯各有所宜耳嗟乎張君誠烈丈夫哉

陳瓘

陳瓘字瑩中沙縣人偁之子也中甲科調湖州掌書記簽書越州判官守蔡卞每事加禮瓘知其奸引疾求歸章不得上檄攝通判明州章惇入相瓘從眾道謁惇詢當世之務瓘以所乘舟

為喻謂偏重不可行且言公為政何先惇言司馬光姦邪所當辨瓘曰公誤矣政猶欲平舟而移左以置右果然將失天下之望與惇反覆辨論竟謂不然為太學博士卞黨林自薛昂官學省議毀資治通鑑瓘因策士引神宗所製序文為問昂自意沮遷秘書省校書郎時紹述說行執政忌之出通判滄州知衛州徽宗即位遷右正言左司諫議論務持大體惟極論惇卞及邢恕諸人罪時御史龔夬劾蔡京被斥瓘言紹聖

以來五逐言者今又罷去若公論何又言外戚
向宗良等多招物議罷璀監楊州粮料院璀出
都門繳上四章并白宣仁誣謗帝后俱有賜給
具改知無為軍明年還為著作郎遷右司員外
郎兼權給事中宰相曾布使客致意璀屬于正
彙作書決去就布得書大怒箕踞誶語璀不為
動徐言國事公議未可失待士禮布改容謝之
信宿出知泰州崇寧中除名竄袁州廉州移郴
州稍復宣德郎正彙在杭告蔡京有動搖東宮

逮杭守執送京師飛書告京為計事下開封府制獄併逮璀京尹李孝稱逼使証其妄璀言正彙聞京將不利社稷傳於道路璀豈得預知以所不知忘父子之恩而指其為妄則情有所不忍挾私情以符合其說又義所不為京之姦邪必為國禍固嘗論之於諫省不待今日語言間也內侍王經臣蒞鞫聞其辭太息曰主上正欲得寔如言以對可也獄具正彙猶以所告失寔流海上璀安置通州璀嘗著尊堯集深明誣妄

大忤權奸其竄通州也又徙台州州宰相令所過州縣鈐押以兵知台州石悈凶人也逮璀至庭大陳獄具脅以死璀揣知其意大呼曰今日豈被制旨耶悈失措始告以朝廷令取尊堯集爾璀曰使君知尊堯所以立名乎以神考為堯主上為舜奚罪時相學術短淺為人所愚君所得幾何乃亦不畏公議悈大慙揖璀使退窘辱百端終不能害宰相以悈為怯罷之在台五年許自便復承事郎卜居江州有譖之者不許輙出

城旋令居南康又移楚州璀平生論京卞皆摘發其隱慝得禍最酷宣和六年卒年六十五靖康初贈諫議大夫官其子紹興末高宗覽尊堯録善之賜謚忠肅正彙官終直秘閣次子正同敷文閣待制兄子正敏朝奉郎有遯齋閑覽

鄧肅

鄧肅字忠宏沙縣人李綱謫居與為忘年友肅居父喪芝產其廬入太學作花石綱詩十一章

書之學舍欽宗即位召對便殿授承務郎鴻臚寺簿金人犯闕肅被命詣敵營留五十日而還邦昌僭位肅不為屈奔詣南京擢右正言肅先居圍城中知受偽命者姓名請分三等定罪從之又劾耿南仲父子誤國乞正典刑肅嘗為南仲所薦上加其直賜五品服肅在諫垣不三月抗疏二十會李綱罷肅言綱以身狥國綱去則姦臣復起兩河失守將如之何執政怒送肅吏部罷歸紹興二年避寇福州卒

廖剛

廖剛字用中順昌人少從陳瓘楊時學崇寧五年進士宣和間由國子録擢監察御史蔡京當國剛奏無所避以親老乞外知興化軍欽宗即位召為右正言復除工部員外郎以母疾辭歸紹興初寇掠其邑剛被檄遣子遲諭賊散去除本路提刑尋召為吏部員外郎遷起居舍人權吏部侍郎兼侍講除給事中母憂服除復給事中權戶部侍郎請外除徽猷閣直學士知漳州

七年二月日食應詔直言定儲議召拜御史中丞剛所務持大體知無不言秦檜諷所遂異已者剛曰枉道從人非吾志也鄭億年以檜黨得美職剛顯疏其惡檜益憾之金人叛盟剛請起舊相有德望者處近藩檜言何地改工部尚書而以王次翁代為中丞億年初以剛斥辱奉祠次翁遂與右諫議何鑄劾剛薦劉昉陳淵為朋比以徽猷直學士提舉明道宮明年致仕紹興十二年卒子四人遲過遂邃皆秉旄節

朱紱

朱紱字君貺莆田人治平四年進士元祐初用薦除王宮教授紹聖初章惇富國欲寘元祐諸賢死地紱被旨召對首陳正心誠意知人安民之說進諸王侍講元符初為都官員外郎時鄒浩以諫立后竄新州貧甚紱率親故出金賮行上怒以紱金特厚追一官勒停徽宗立以藩邸舊僚召累遷右諫議大夫給事中時范純禮劉安世等黜外悉為論列蔡王府獄興株連甚衆

江公望論奏被斥紱封還制論駁再三以是忤大臣意出知壽州崇寧初進寶文閣待制中丞石豫力肆詆誣落職提舉洞霄宮入元祐黨籍五年上以星變復諸黨人蔡京復相紱遂罷大觀元年仍落職卒于家初紱在省凡四月論駁無虛日紹述說行紱以書責京大怒力謀去紱臺官希旨以合黨王回締交鄒浩罪之建炎間始復舊職贈少保子宗以父任用薦除太府卿里人京柄國二紀宗未嘗一造其門紹興初

召為大理少卿建炎福建盜起除直秘閣轉運使宗請罷制置使陳便宜十事盜平卒如宗策官至右朝散大夫

黄祖舜

黄祖舜字繼道福清人宣和進士紹興中累官權刑部侍郎兼侍講論秦檜黨與及其子熺皆得施行官至同知樞密院事卒謚莊定祖舜立朝侃侃持論知大體其學兼通諸經徽宗朝上所著書命讐校國學板行

李彌遜　陳寫

李彌遜字似之連江人大觀進士政和中遷起居郎上封事切直貶廬山令丐祠流落久之宣和末起知冀州金人犯河朔彌遜捐金帛募死士邀擊斬獲甚衆兀朮相戒不敢犯靖康初爲江東運判領郡事牙校周德據城以叛彌遜單騎諭以禍福合李綱兵討平之後知饒州召對忤輔臣意出知吉州復試中書舍人條六事上之尋試户部侍郎時秦檜力主和議胡銓范如

圭曾開忤檜貶竄彌遜請對復上疏言三不可檜邀至私第以甘言啗之不為動次日復上疏言愈切直檜益怒彌遜累疏乞歸以徽猷閣直學士知漳州尋歸隱連江之西山落職家居卒謚忠肅曾孫韶

韶

韶字元善父文饒為台州司理謂人曰吾司臬多陰德後必有興者嘉定中韶與兄寧同進士初教授南雄累遷右正言侍御史出知漳州歷

户禮吏三部侍郎兼中書舍人遷寶章閣直學士知泉州召權禮部尚書累乞祠以端明殿學士提舉萬壽觀兼侍讀慶元間史彌遠薦士充學職詔不從祭酒袁燮求學宮射圃地益其居不與又奏記彌遠言濟邸獄事甚懇切為侍御史上封事累數千言詔為人忠寔簡澹獨坐一室門無雜賓云

論曰宋室中微奸諛柄國前有章蔡後有秦檜韓侂胄史彌遠鷙悍尤甚士大夫非純誠剛

毅有狥國之志疇能不畏强禦以不貲之軀嘗試于偃月計中耶辛中丞鄧正言廖直學朱待制李侍郎祖孫並以讜諤有聞陳忠肅受禍最酷嗟乎奸諛得志一時其心已死諸君子至于今有耿光也

閩大記卷之二十　　列傳五　名臣

黄中

黄中字通老邵武人入太學邦昌僭位遣偽詔以藥物勞問諸生中先出居城外獨無所污紹興五年進士第二保寧軍節度推官改南外睦宗院代還以忤秦檜差通判建州檜死召為秘書省校書郎兼寔録院檢討官遷著作佐郎普安恩平郡王府教授時龍大淵以潛邸得幸中不與狎獨守其舊官後遷司封員外郎兼國子

司業六和塔成宰相命諸達官各寫釋典刻壁間中謝不能請至再終不與二十八年賀金生辰還言金治汴京徙都相逼富早為計宰相湯思退怒以語侵中中不為動僅得秘書少監遂請補外除起居郎逾月兼權中書舍人同知貢舉權工部侍郎金使賀天申節充接伴遂為送伴使還又言金重兵皆屯中州宜有以待之明年兼侍講又兼吏兵二部侍郎時金使來賀天申節以淵聖計聞中馳白宰相速發喪如禮又

陳備禦方略每進對未嘗不言邊事遷權禮部侍郎金騎瞰江朝官震怖爭遣家避匿中不為意家人朝暮請行中曰天子六宮在是吾為侍臣獨安之金退惟中與左僕射陳康伯家屬在城中衆皆愧服明年金使高忠建來責臣禮及新復請郡洪邁接伴言禮際虛名不足惜中亟奏君臣之名既定則寔將從之安可與上以為然詔中去權號孝宗即位以帝王道敷陳盡意兼給事中群小益媒孽罷為中書舍人乾道初

除集賢殿修撰致仕進敷文閣待制久之復召對言和者忘深讎固非久安之計言戰者徒為無顧忌大言又非必勝之策暫與之和而亟為備庶其可耳授兵部尚書兼侍讀堅意請老乃除顯謨閣學士提舉太平興國宮既歸疏辭遂以龍圖閣學士致仕家居十年未嘗一日忘朝廷朱熹與論學每稱在弟子列七年八月庚寅卒年八十五加正議大夫江夏侯贈少師謚簡肅

鄭瑴

鄭瑴字致剛建安人政和進士教授安陸召爲御史臺主簿邦昌僭號挺身詣濟州高宗即位擢監察御史諫議大夫苗劉搆逆瑴廷立面折之拜御史中丞作杜鵑詩遣所親謝嚮變服如平江見張浚具言城中事條上策反正功成進端明殿學士同簽樞密執政三月而卒謚忠穆

周武仲

周武仲字憲之浦城人紹聖四年進士主簿黃都累遷監察御史宣和初賑活淮南饑民三十萬因劾郡守交通宦者二人尋以飛語促還乞外知常州未行除比部員外郎考殿試進士取切直者前列乃范宗尹也兩使遼還言金情叵測兵百世不可用不可一日弛俻賜五品服累遷御史中丞論童貫蔡攸敗事章三上貫令致仕既又論貫名為致仕寔預邊事上不允落職居黃州高宗即位召為刑部侍郎進尚書兼侍

讀乞祠至楊州卒官至朝請大夫

翁彦深

翁彦深字養源崇安人第進士宣和初除右司員外郎以弟彦國入臺引嫌改秘書少監盜起睦州東南大震請以上書人名籍焚諸通衢又以書白宰相言與金人夾攻契丹非是除國子祭酒時蔡攸爲禮部尚書讚彦深爲元祐學彦深笑而不荅徙秘書監時宦者梁師成提舉秘省彦深不肯造謁降兩官知婺州召爲太常少

卿從幸至楊州力請渡江以定基業後歸老卒

彥國

彥國字端朝紹聖中進士累官至御史中丞靖康之難爲江淮荆浙制置轉運使領兵東上康王開府彥國屢遣官屬中款至淮寧與京西安撫何志等歃血誓師遣兄子少府丞挺詣帥府請旨邦昌使至彥國拘之軍中且貽書切責之言與相公期旬日之内奉王以入如有遲晋某當勒兵十萬見相公于端門不得復施黃閣之

恭高宗即位以彥國兼經制江南東西路卒于
建康贈少保

劉子羽

劉子羽字彥脩崇安人父韐別有傳子羽以蔭
補官後知池州貽書相府論天下形勢當以秦
隴為根本除樞密檢詳文字張浚辟參川陝軍
事金闖江淮浚議出師子羽爭之不能得富平
既敗子羽力請晋興州以安閬蜀單騎就道收
集散亡命吳玠柵和尚原守大散關金引去浚

以便宜用子羽鎮興元金兵三路分寇子羽益脩守禦移書吳玠王彥使各守備彥不聽金州遂失守子羽馳守饒風嶺至中道玠請計事子羽言金旦夕至饒風不亟守是無蜀也玠往饒風列營拒守金悉力仰攻為所敗遂以輕兵間道犯関子羽退守三泉從兵不滿三百與士卒同粗糲至取草木芽蘖食之遺玠書某誓死此玠夜馳至其寢後金遣使招子羽及玠子羽斬之縱一人還語爾酋來血戰我有死耳何可招

也金遁去與玠急遣兵邀于武林閑掩擊之死者無筭降者凡數十栅全蜀遂安既而富平之敗責白州後去國言者謂子羽觀望徙漳州以郊恩得歸後金渝盟子羽起沿江制置金果邀和使来植旗于舟中云江南撫諭子羽以他旗易之計令出境上聞子羽治狀詔復職竟以不附和議奉祠歸子羽勵氣節料敵決勝雖古名將不能過其政稱循良吏官至寶文閣直學士卒贈少傅謚忠穆改忠定

杜杲

杜杲字子昕邵武人父頴江西提刑杲以蔭補官捍閩尉能辨疑獄李珏制置江淮辟為幕屬檄援滁州金人圍城數重登陴中矢益自奮卒全其城調江山令運使朱在辟監崇明鎮安豐守告戍卒肩摇軍情為變杲與兩卒詣將壘諭之一軍帖然知大安縣又知定遠縣會李全犯邊以杲久習邊事推知濠州趙善湘制置謀復盱眙用杲策成功策陳守境之利權衡於相和

戰之間時在外諫出師者惟杲一人兵敗洛陽
邊釁遂開人服其先見奉崇道祠再知濠州未
行改安豐元兵來侵杲已有備北兵退淮西以
安進官三秩授將作監詔以安撫知廬州進太
府卿淮西制置副使兼轉運使元將罕擁圍廬
州杲敗却之又陳舟師扼淮河其子庶監呂文
德軍伏精銳於要害元兵不能進遂北歸累疏
請老不許陞兵部侍郎淮西制置使又除權刑
部尚書淳祐元年以直學士奉祠起知太平州

尋擢華文閣學士沿江制置使知建康府行宮留守節制三郡復與元兵戰于真州敗之進敷文閣學士遷刑部尚書帝書安淮二字兼吏部尚書以寶文閣學士致仕卒贈開府累淹貫多能爲文清麗晚歲專意理學子庶別有傳

丘奐

丘奐字明遠莆田人紹興初詔舉遺逸進書數十萬言皆恢復大計及論止流軍募防秋擒湖賊利害二十餘條丞相呂頤浩大奇之除湖北

安撫幹辦公事張浚辟三京宣諭司幹官劉錡帥荆南奏辟幕下嘗與論兵大喜一日杭州解降囚七十餘人衆謂可殺奐謂既降而戮永絶招懷之路錡聽之奏貸其死分隸諸軍後多立功至顯官除登雲院言事忤權貴出知真州累贈中大夫孫徵之乾道進士循陽通判朝奉大夫奉祠

黄龜年

黄龜年字德邵永福人崇寧進士洺州司理河

北西路提舉入爲太常博士靖康中爲殿中侍御史王倫歸自金中龜年劾秦檜主和議沮恢復植黨專權漸不可長不報又劾檜黨王焕王昞王守道皆罷之授檜觀文殿學士奉祠龜年又奏當投四裔以禦魑魅不宜予祠三上章檜乃褫職除太常少卿累遷中書舍人兼給事中檜復相嗾言官劾龜年罷之龜年徽時永福簿許室以女龜年登第朝旌已死家貧甚或諷他議龜年不可任子恩先官其弟之子人皆

義之子衡湖南提舉

黄瑀

黄瑀字德藻閩縣人紹興進士饒州司户叅軍歲旱郡檄視屬縣民田獨瑀所講免什九他縣俱什一郡守俾更之瑀堅執所議遷兩浙運幹有獻糴公田之策者檄瑀視之極言非便拜葦亭大饑瑀不待報發廩賑之全活以萬計擢監察御史瑀平居與杜莘老以名節相期時寢疾莘老來視連呼不應乃大呼吾今日擊去王繼先

矣瑀矍然君能任職吾又何病探枕中片帋視之乃疏継先罪狀也終江南東路提刑轉運副使知漳州瑀資性剛介自奉簡薄周貧賑乏無所吝子幹儒林別傳

章誼

章誼字宜叟浦城人第進士通判杭州建炎初苗劉為變高宗御樓誼越班叱時希孟三軍屏息事平遷殿中侍御史金人屢南侵誼獻戰守四策紹興二年改大理卿尋除權吏部侍郎改

刑部遷徽猷閣直學士樞密都承旨加龍圖閣
學士使金軍與粘罕妻室論事不少屈還至南
京劉豫留之以計得歸擢刑部尚書扈從親征還
遷戶部尚書以疾請郡除龍圖學士知溫州明
年移守平江七年高宗還自建康兼行人宮留
守尋提舉亳州代還卒謚忠恪誼長者言事有
大體士論歸之卒時年九十二子八人

范如圭

范如圭字伯達建陽人少從舅胡安國受春秋登第節推武安軍始至帥將斬人如圭白其誤帥謂已署不易也如圭正色節下柰何重易一字而輕數人命帥矍然從之累遷校書郎秦檜主和議將以秘書省館金使如圭亟見相趙鼎言不可鼎從之為改館如圭獨以書責秦檜忘讐辱國且曰公不喪心狂病柰何為此必遺臭

萬年矣檜怒方以河南地來歸自為功如圭輪對言九廟八陵瞻望咫尺朝陵之使未遣何以慰神靈萃民志帝瞿然謂非卿不聞此言即日遣行檜以不先白已益怒如圭奉祠十餘年檜死召對語益切後提點利州路刑獄以病請祠時儲嗣未定如圭以為憂乃裒至和嘉祐間奏議上之即以普安郡王為皇子起如圭知泉州以裁正宗室被浸潤去就舍邵武以居卒年五十九如圭忠孝性天其學根于六經所居巷蕭然子

念德儒林

論曰予覽靖康之變諸君子後先盡力未嘗不扼腕太息也方逆檜憸壬以和愚宋其權力鷙悍能生死人智士結舌矣如圭忠憤所激屢出危言其意已不避鼎鑊况肯狗一帥殺人媚人哉其弟如璋令萬載欲行弭盗法至廼保伍連坐似亦慘刻少恩予故不列之

良吏

袁樞

袁樞字機仲建安人試禮部第一及第乾道初教授興化軍充禮部試官除太學錄張說自閤門越僉樞密樞率學者僚共論之且詣宰相虞允文曰公不恥與噲等伍耶出為嚴州教授纂通鑑記事本末參政龔茂良上其書孝宗嘉嘆以賜東宮及諸帥以宗政簿召對遷太府丞兼國史編脩章惇子求為潤飾其傳樞持不可累遷吏部郎官兩淮旱命兼視四郡遷軍器少監提舉江東常平茶鹽改知處州赴闕奏事除吏

部員外郎遷大理少卿因論大理獄事予郡尋
貶兩秩光宗受禪叙復元官知常德府寧宗朝
擢右文脩撰知江陵府尋為臺劾以寶謨閣待
制致仕樞有治狀立朝啓沃忠諫為世師表

陳居仁

陳居仁字安行莆田人父太府少卿膏娶明州
江氏臣家焉居仁紹興中進士秦檜與膏有舊
或勸一謁居仁不往也充檢討官魏杞使金辟
居仁幕下時和戰未決居仁諭金滅歲幣而還

及杞柄國未嘗以故吏求進嘗轉對言立國須有規模陛下銳意恢復繼復通和和戰守未有定論孰為規模累遷禮部郎官請外知徽州輸稅者恒畏嬴以歸秩滿入對言戰士出萬死策勳今老矣至行乞于市乞加優恤從之留為戶部右曹郎官轉朝議大夫樞密院檢詳文字兼左藏諸庫居仁親視案牘疏其寃狀七人出之令清中書務權直學士以集英脩撰知鄂州進煥章閣待制移建寧府歲饑出儲粟平其價弛逋

負以萬計鎮江大旱又移居仁為守存活甚衆加寶謨待制知福州再進華文閣直學士提舉太平興國宮卒贈金紫光祿大夫子卓紹興進士歷知寧國簽書樞密院以資政殿學士奉祠卒年八十謚清穆

趙以夫

趙以夫字用文宋宗室也居長樂嘉定登第端平初知漳州會以廢寺租利代民輸丁錢萬七千緡知邵武軍平下瞿賊擾清溪峒嘉熙初差

樞密副都承旨拜同知樞密院事加資政殿大學士時國本未立以夫編類仁宗高宗定儲詔疏上之進吏部尚書兼侍讀奉詔同劉克莊脩國史

徐應龍

徐應龍字元叔浦城人第進士調衡州法曹湖南檢法官力辨劫盜之誣提刑盧彥德不能奪用薦知高安縣呂祖儉言事忤韓侂冑謫死高安應龍為文誄之無所憚累遷秘書少監權工

部侍郎兼侍講遷吏部侍郎進刑部尚書兼侍讀應龍在講筵指陳時政史彌遠惡之免侍讀尋從吏部除煥章閣學士提舉崇福宮卒贈開府儀同三司謚文肅

洪天錫

洪天錫字君疇晋江人寶慶二年進士歷官郡縣拜監察御史兼崇政殿說書劾董宋臣謝鏜章五上出閣待罪會天雨土天錫力言陰陽君子小人之辨蜀中地震浙閩大水又言貴戚宦

官之害申劾宋臣枚數其惡疏七上請還御史印綬後三改重職皆辭不拜復起知潭州遷廣東轉運副使又辭度宗即位以御史兼侍讀召累辭疏病民五事又言在廷無嚴正之士何以寢奸謀遏事無敢爭之臣何以臨大節累召皆不起最後以顯文閣直學士致仕加端明殿學士卒謚文毅天錫言動有準繩居官清介臨事是非毅不可回

吳燧

吳燧字茂新同安人紹定二年進士累官監察御史冬雷論鄭清之不當執政除大理卿不拜再歲召為秘書監入對擢殿中侍御史兼侍講時盛夏猶寒燧言宜崇陽抑陰洪天錫論董宋臣甚力乞行其言改禮部侍郎未幾奉祠度宗立召為兵部侍郎

陳貴誼

陳貴誼字正甫福清人慶元進士又中宏詞科瑞州觀察推官遷大學博士時楮弊更法貴誼

轉對不合遷將作監丞憲府小學教授又奏利害闕於天下是非公於人心一人言之或至累數十人言之又指為朋黨忠佞不分是非倒置史彌遠惡其言諷臺臣論罷之理宗初遷起居舍人應詔陳言數政上嘉納之嘗奏罷海口逕江稅鄉人利賴卒贈少保資政殿大學士謚文定

論曰詩言玉瓚黃流甫栢狹松必庙廊村也閩自五季以前士安耕釣終老巖穴仕不過

庶官奈有作而任大臣之事者宋興楊大年以文學顯蔡君謨以治效着陳述古以行業稱鄭介夫以風節聞于時釋褐登朝穆穆布列館閣省臺之英閩人參半迨汴鼎播越幅員浸狭吾閩仕者尤多據要津參國論經綸則翁彥國章誼密勿則黄中袁樞諫爭則洪天錫陳貴誼雄畧則劉子羽杜杲名臣卓卓斯皆曩時耕野釣渭之夫迺知黄流不注于瓦缶鄉材必登于柱石里中父老時能談往

晳舊事予不能至心向往之詳考其本末與
後進並覩焉

洪英

洪英字實夫懷安人永樂十三年試禮部第一賜進士改翰林庶吉士授禮部主事歷吏部考功郎中正統中用大臣胡濙薦擢山東左布政使尋以右都御史鎮守浙江有

詔考察大小吏之去留一僉事被黜怨英誣奏其私鄉人英不辨乞歸初英父奐隱居厲節屢薦不起及兄子順登第乃遣英遊鄉校英器早

成遂登高第讀中秘書與脩三朝禮書風格峻整雅有廟廊之度惜不能盡究其用也孫暄鄉薦知縣曾孫世文進士按察副使世武解元大理寺評事

論曰洪都憲世所謂偉人成祖稱其洪武間英才不虛矣予考李南陽天順日録言英為山東布政遷右都未耆至京權璫素不識面洎往浙江考察官員被黜妄訴且加謗毀

上不及察遂允致仕二三大臣知其故不出一言朝士後進又不能知其為人既去方共惜之英真儒雅君子動履似迂涉世若疎以此見笑於譎智莆人宋端儀立齋閒録亦云

林聰

林聰字季聰寧德人正統已未進士刑科給事中值北征時事鞅掌多所建白景泰初遷都給事中劾内侍單增罪狀捕治得釋不敢復肆廷議迎復惟遣一車两馬聰上言當用鹵簿大

駕如儀奸臣議易儲舉朝疑之未敢發聰首
言
皇太子無過不可易不肯署名與章綸鍾同廖
莊先後論諫相同奸臣嫉之文致其罪寘大辟
有直之者左遷國子學正天順初起爲僉都御
史山東賑饑進副都平江淮鹽徒之亂丁内艱
起復討平曹欽辨別首從無濫及者成化二年
江淮饑人相食命聰往賑奏借江南糧數十萬
給民且與種子陞右都御史巡撫大司明年以

疾致仕越三年召掌南院聰所屬十三道彈劾不相關白當事者滋不悅聰謂已既不言又遏他人使不言非聰所能也又三載入為刑部尚書加太子少保偕太監汪直按覈遼東失事不能盡行所志乞休不允十八年卒贈少保謚莊敏子昶用蔭至順天府治中聰立朝四十餘年論列皆人所難屹然如山溫然如春可謂大臣矣

彭韶

彭韶字鳳儀莆田人天順元年進士刑部主事員外郎疏言張岐以外戚躐僉都御史乞召前尚書王竑李秉侍郎葉盛下詔獄給事毛弘等論救得釋進廣東司郎中命稽戚畹莊田韶至真定周視上疏自劾言周彧飾奏病民臣不忍履畝奪民衣食又逮詔獄言官交章得釋他日責戚有請荒田者

上顧左右周彧為彭韶所持令

朕負朝論奈何又請成化四年陞四川按察副

使進按察使請王府葬祭停遣内臣及行人又勅雲南太監錢能貢珍奇擾驛遞十四年為廣東布政使勅鎮守太監顧恒非禮貢獻又勅市舶太監韋春矯稱進奉私庇富豪亂舊章又勅珠池監丞採捕禽鳥騷動地方梁海者本廣州人太監芳弟也横索道路輒稱貢奉所過蕭條方得疏大怒會詔應詔陳言漸不免終四事

上不喜芳輒從旁言詔每事邀名

上直視芳不應芳懼伏地尋調詔貴州二十年

陞副都御史巡撫江西明年召為大理卿未上坐論内外官員貢獻道改副都御史巡視户部言塩法沮壞勑部清理詔繪煮海貧人晒淋熱負折閱賠償之苦為八圖以獻尋召為吏部侍郎弘治三年彗星見天津詔上厚根本減役錢正近侍慎官爵四事又請午朝無循故常奏細事四年進刑部尚書安遠侯柳景鎮守兩廣巡撫秦紘發其奸贓巨萬景有挾欲曲法擠紘詔竟抵景法褫其爵景又内降蠲旨詔言景贓十

未及一即蠲他日逐營復爵詔長司寇二年請致仕卒贈太子少保謚惠安後林俊請於朝改謚不報詔孝友溫恭廉明直諒寡慾清心始終無玷儀狀若寒士至法理所在正色昌詞雖賁育不能奪子濬領鄉薦卒

論曰二司冠矯矯風節吾閩人物之翹楚也莊敏當國步艱疑之際惠安值嬖倖用事之秋輙有建白屢瀕於死豈不毅然大丈夫哉莊敏晚節不堅附和獄事年既衰有患失之

心乎昔人言利不在身觀人則哲事不私己

斷義必厲惠安吾無間然矣

林瀚

林瀚字亨大閩縣人父元美自有傳瀚成化二

年進士爲翰林編脩陞贊善諭德弘治三年國

子祭酒疏請開科進人才待諸生嚴而有恩請

託不行以膳役羨餘貯於官搆祭酒公署及諸

師儒寓舍九年進禮部侍郎仍掌監事十二年

改吏部侍郎明年爲南京吏部尚書會災異率

群僚陳十二事時有御史自巡按逮獄二三儒生寅緣傳奉授中書舍人瀚言天命天討當協至公忤旨自劾不報十七年復疏重根本以回天變四事再請老乞休不允正德元年冡宰缺給事中五俊御史石玠等會薦瀚剛方貞介堪任不報未幾改南兵部參贊機務復因災變會陳十二事辭極剴切逆瑾側目方正士會南科道言事被逮瀚獨往送贐以俸金且議上章直諸言官瑾益恨目為黨矯旨降浙江左參政致

仕瑾怨未已復矯詔指瀚與大學士劉健謝遷尚書韓文等為奸黨瑾誅復尚書致仕憲副陳伯獻稱瀚賤者即之不知其為貴卑者即之不知其為尊愚不肖即之不知其賢且智非意相干即之始知其凛不可犯也卒年八十有六贈太子太保謚文安子九人皆選舉蔭敘得官宮保尚書二人仲子庭棉末子庭機

林庭棉

庭棉字利瞻弘治壬戌試禮部第五賜進士兵

部主事歷郎中擢守蘇州起拜雲南叅政正德間入賀乞歸省許之至家又乞終養朝議庭柳有兄弟不當請

詔特賜允以瀚故家居十年父卒報除起為江西叅政歷布政使都御史巡撫保定嘉靖初與永嘉張相不合歸未幾楊一清冢宰薦之擢貳南兵部轉工部尋拜大司空時創九廟兩宮庭柳規畫稱旨上御便殿召入顧左右奇其狀明日有疏節財用省營建

上曰朕方顧若若乃言我得非林俊子耶左右或對其父亦尚書非俊也明年廟工成加太子太保又明年乞休賜馳驛歸卒贈少保謚康懿庭棡敏達官京師與同鄉有恩意守蘇郡七邑大水都御史不肯聞獨上疏蠲稅報可一富室誣繫重辟憐其無子為納妻獄中後乃嗣息所在得人心皆此類子炫傳文苑

林庭機

庭機字利仁嘉靖乙未進士改翰林庶吉士授

檢討歷國子司業南祭酒太常寺卿工部侍郎尚書改禮部致仕家居十數年卒初庭機以大臣子高第讀中秘書德器若夙成同輩敬愛之甫康尚書太和時入翰林齋居書學林其風致可想也官文學侍從久嚴相當國機不能狥時婞阿淹南都數歲迺得正卿時二子已登甲科伯官少宰遂自陳乞休從之所著世翰堂稿行于世卒贈太子少保謚文僖子燫有傳烴官太僕卿光戶部郎中

論曰詩人美樊侯剛不吐柔不茹謂懿德令儀式訓翼心器之所受者大也以予所聞太保文安公純德懿行直而不訐和而不流惇大明作兼有其美三代而下鮮與儔者不特南州冠冕而已奕時戴德為時名鄉有以哉予頗采其行事與好懿德者共之

林燫

林燫字貞恒嘉靖丁未進士選庶吉士國相徐階時以少宰為館師深器之壬子授檢討

景恭王出閤選充講讀官分宜嚴嵩柄國子世蕃亂政爐隣蕃卿第絶不與通深啣之景府出封蕃謀以爐為長史之藩使人以宅請爐曰官可罷宅不可獻蕃怒嗾吏部以其名上賴徐相國持之不果行分宜敗爐稍進用擢洗馬兼待講校理永樂大典明年纂脩承天大志丙寅拜國子祭酒隆慶元年書成加太常卿管祭酒事在國學造士甚衆是歲轉禮部侍郎兼翰林院學士充世宗實録副總裁經筵講官嘗奉

命勘視諸陵節費鉅萬權貴滋不悅達兵犯邊
疏邊計七事
上嘉納之明年改吏部仍經筵日講先是爌與
張江陵居正同年同館数以事相左至是徐相
國欲引爌入閣張恐軋己與中官謀擠之會進
講有譏言乘間浸潤有
旨調南佐南銓兩贊大計士論咸服署篆禮部
魏國公徐鵬舉欲貴其少子邦寧送監肄業謀
奪長子邦瑞爵苞苴数十萬當事有陰主之者

爊獨持不可邦寧坐黜南都清議一時倚賴萬
曆元年進工部尚書甲戌改禮部以内艱去位
服除撫按屢疏爊直諒清介德隆望重宜申爰
立之
命為張相所抑遂不召卒于家年僅五十七有
月蝕星隕之異時脩八閩通志起草未竟士論
惜之爊弱冠登朝名重館閣性骯髒不肯媕阿
柄臣嘉靖間士大夫舍職業為性命空談非毀
儒先延譽養交躐取華要爊深嫉之甘貧砥行

尚友古人雖登八座四世冢卿無一卒之田舊廬被燬至借屋以居無幾微失常度不一札干瀆有司卒時江陵猶熾未獲贈謚郡人請立祠并祀瀚㭿機四尚書稱世忠祠萬曆二十三年以撫臣趙參魯請得贈太子少保謚文恪

論曰嘉靖中督學貴溪江公品藻閩士宗伯茂齡被甄拔予幸驥附後塵顧予不淑雲泥異蹤宗伯不予鄙忘其貧賤有古人心矣宗伯世卿之家也以文章行業昆燿于時踵祖

父感美使獲永其天年晉台階所樹立未可
涯涘震畏四知秉祛三惑史氏以為美談宗
伯亡作哉

林俊

林俊字待用莆田人蘊之裔也成化戊戌進士
歷刑部主事員外郎時妖僧繼曉挾近侍梁芳
得幸發內帑數十萬建寺俊上疏請斬繼曉投
芳四裔忤旨下詔獄謫判姚州敘復南曹弘治
初擢雲南按察副使焚玄化寺稱有活佛肉斥

溪祠三百六十區擢湖廣按察使有疏忤權勢久不調引疾乞休不待報而歸後以薦起廣東右轄尋拜南僉都御史提督操江因大篩犯邊陝西地震水湧累疏陳時政江西盜起改巡視撫新昌親入賊巢諭降之進巡撫平寧藩祿糧直論易琉璃瓦之非引叔鉞請京吴王几杖為言人服其先見晋副都御史巡撫如舊尋改四川巡撫蜀盜起俊隨宜勦撫地方悉平晋右都御史時播州土官爭承襲被葦賄通逆璫規復

爵土俊持不可大觸瑾怒瑾尋伏誅始免奇禍
乞休歸科道交章薦之不報嘉靖初召為工部
尚書改刑部累辭不允既蒞任適經筵當暑輟
講俊言學貴緝熙講不宜輙罷又請息齋醮以
闢異端省不經之費以寬民力禁近侍家人貿
易畜貨皆人所難言時以嬖人李鳳陽犯法逮
赴詔獄俊執奏不遣至再
上怒切責之引疾乞休章八上乃允加太子太
保賜馳驛歸越明年以大禮有異議觸怒復疏

論之六年丁亥卒年七十有六明年大禮書成
張璁桂萼等請追論詔革生前職秩與楊廷和
等並榜朝堂俊于違以士禮葬之隆慶改元乃
復原銜加贈少保賜祭葬謚貞肅蔭一孫及祖
俊為人有矩度家居不入公府惡末俗侈靡倡
以儉約至所當周無一毫吝惜為文遡先秦極
簡奥海内宗之

陳琳

陳琳字玉疇莆田人弘治進士改庶吉士授監

察御史遇事侃侃不避督南畿學政正德初逆瑾亂政顧命大臣謝遷劉健並去位言官戴銑等被逮琳進惜老成宥狂直疏謫丞揭陽瑾矯旨榜數十人於朝堂琳與焉瑾誅起嘉興府同知尋擢知府晉山東提學副使河南參政廣東左布政使嘉靖初拜右副都御史巡撫江西時逆濠新平地方多故琳用寬簡民若更生改南大理卿南京兵部侍郎卒于官年六十有六琳直亮坦夷能急人之困喜揚善而諱其所短歷

官所至盡祀名宦

顧珀

顧珀字載祥晉江人弘治進士知虹縣復令旌德擢知和州轉南考功司郎中復除庫部擢湖廣叅議時宸濠反自南昌下九江珀駐黃梅厲兵措餉為池皖應援事平乞休章四上晉湖廣按察副使致仕久之起四川副使兵備威茂在蜀極西羌畨雜處珀待以鎮靜諸羌帖然陞河南右叅政未上又請致仕歸未幾以言者屢薦

陞江西左布政使尋轉南太僕寺卿改太常陞
户部侍郎攝大司徒事上便宜十二疏又攝刑
部及御史大夫篆三載考績復乞致仕歸珦歷
官不以家累自隨囊無餘資家居絕干謁至一
方利病則言之有司期於必濟嘉靖己酉以壽
終

王大用

王大用字時行其先揚之真州人隸戎籍興化
衛正德戊辰進士都水主事董漕治臨清閘巨

寇劉六者嘯聚張甚長駐清源大用選勁卒出郭而陣賊數戰不利引去陞廣東僉事兵備清遠有劇賊流劫諸州大用帥所部將士深入疾戰斬獲無筭又屢破諸峒獠晋副使兵備如故嘉靖初屢遷廣西左布政使入為順天府尹尋副都察院巡撫順天本兵以大用習邊事請改巡撫大同大用至破巨盜劉善果追斬之傳首京師條三邊機宜數事上之頃之為給事中秦鰲所論復改順天後推掌院名上御史張祿者

先按大同與大用爭禮不相得鰲論張所噭也
既縮院命下張念前過迺搆虛事劾罷久之復
起巡撫四川時獲白兔不進表地震水旱動請
脩省蠲租上方齋祀太乙群臣爭獻符端見大
用疏心厭之時已遷南京刑部侍郎會有番寇
給事中扈永通論其失事有
旨回籍候勘歸真州卒年七十有五遺命葬莆
中子邦圻世稱王生者具先後勲勩疏請卹典
王生之請李默太宰貽書促之至則默為趙文

華所誣繫獄時分宜相嵩子世番竊威福諸以懇澤請非入千金屛不奏王生橐無留一錢徒蒲伏候謁遊其父子間後從里中大夫匄貸得百金函以餽之世番曰而父苦節安得贏金麾不内王生覊舍中咄咄治歸計忽一夕世蕃召生便室與之飲王生素嗜酒敢言已而悉如所請命下傳以為怪事後知相嵩在西直寓召其子語之王時行一世偉人且數有戰功爾無恒調困其究也

論曰予聞莆多名臣貞肅爲冠嘉靖丙辰過
真州訪王中丞故宅已入他姓子邦圻所居
獨一祠東偏時尚書萬安朱公寓中丞故宅
命予止宿祠下邦圻不予鄙酒酣輒燕歌談
趙代九邊與其先人往事甚悉俠氣翩翩似
燕趙人王生嘗侍父往來其地又從鄉人爲
邊郎至塞下故習知邊事藉令王生當路克
肖乃父矣時朱尚書作感舊詩命予屬和予
小子固謝不敏朱名衡舊督閩學山爲門下士云

張岳

張岳字維喬惠安人正德癸酉鄉薦第一丁丑
進士授行人
上寢疾豹房獨宦者侍岳疏請九卿輪直嘗藥
不報寧藩蓄逆
上復南巡諫者屢繫詔獄岳復切諫下獄五日
廷杖釋之調南國學正嘉靖初復行人遷司副
擢南武選員外祠祭郎中以憂還三載補除主客郎出
為廣西提學僉事調江西岳令多士堅守程朱

傳註深闢王守仁良知之説正學賴以不墜旣
而坐廣西歲貢士不入格謫廣東鹽課提舉由
岳曾爲禮曹議禘祭忤永嘉張相乃遭是謫歲
餘擢知廉州嘗云吾莅廉三載不持一珠倣漢
吏教民耕讀庶幾無愧廉人德之安南不庭朝
議致討郡人侍郎唐冑疏諫
上怒褫其官岳復奏聽其自爲聲教又致書當
路條不可征俱不報秩滿擢浙江提學副使尋
轉參政時尚書毛伯温視師與督府張經合奏

調岳廣東經畧安南事宜岳至則交酋欵關請
降岳畫受降之策
詔賜金幣陞俸一級是年秋督府檄征崖黎涉
海攻諸峒破之二十一年拜右僉都御史撫治
鄖陽尋改巡撫江西值歲饑多方設法措賑民
賴以生有
詔為閣臣嚴嵩建迎恩樓有司希意科擾滋費
岳輙以
明旨批卻專為地方節省嚴氏父子從此謀中

岳元輔夏言築生壙藩司議廣信七縣各措夫價千金岳曰是將範金爲擲手縣百金足矣二十四年擢右副都御史總督兩廣軍務岳在兩廣久習知山川險夷猺獞情僞至則以兵討封川文德大滑腦舉巢平之遷兵部右侍郎兼僉都御史明年奉

旨集土漢兵征融懷馬平諸獞平之召爲刑部侍郎巡按御史徐南金言岳忠純果毅有大臣風賀連反側未定且乞坐鎮從之明年平連山

賀縣復召為兵部左侍郎尋陞右都御史掌院事未幾湖廣麻陽鎮與貴州諸苗合為寇岳復

奉

命以右都御史總督湖廣川貴軍務開府沅州下令為巢計而朝議撫守二策岳言非便詔從之酉陽宣慰冉玄土官指揮田應朝噭苗四出寇印江石阡思南又遣挾資入京騰謗嚴氏謀逮岳幸華亭徐相與諸當事者力援但降詔奪官岳持益堅集土漢兵九萬人檄諸將分道進

勦討獲田應朝𤇆于獄前後斬獲數千級山箐逃匿悉諭降之苗既震慴其黨自分獲渠魁龍保以獻而吴黑苗者尚匿酉陽岳疏酉陽之罪仍指朝貴黨酉陽者朝貴益不平謂酋首未獲不可言功岳不爲動委叅將石邦憲計誘其黨獲吴黑苗以獻三方遂寧功未上尋岳總督五載不携家日事戎務糧餉所餘悉貯郡屬纊之日有司驗其囊橐貧無以爲歛卒越三年本兵褒實以聞復右都御史贈太子少保謚襄

惠蔭一子岳萬於人倫學宗程朱以持敬窮理實踐為務一切空談性命為籠罩揣摩者排之甚嚴始用文章氣節著名及當事尤推將畧竟以死勤事身名俱全

論曰林宗伯貞恒數為予言嘉靖間若鄭亞卿璋世咸之狷介陳中丞達則清之通敏顧侍郎珀之嚴正林中丞大輅茂達之沉毅林司寇雲同之謹厚皆稱君子人也而不能為有無李太宰默林中丞潤能為有無矣而不能為輕重

能為輕重惟有林司寇俊張司馬岳已乎二公
亮直剛毅有大臣之操節名爵死生悉置度
外故能以身為重輕方張公屈下僚予伯父
祠部屢稱之考其事後若持券而左世以祠
部為知人

李默

李默字時言甌寧人正德辛巳進士改庶吉士
明年嘉靖改元脩漢代來功擬執政封爵默奏
記執政爭之為所忌授户部主事陞兵部員外

郎調吏部文選進驗封郎中皆舉其職己丑會試同考壬戌武試亦充同考以議賓筵忤大司馬被劾謫判寧國府乙未陞廣東僉事戊戌陞雲南提學副使歷叅政按察使左右布政端毅廉直所至有聲久之陞太常卿掌南國子祭酒事己酉陞禮部侍郎庚戌改吏部奉

詔撰進士題名記辛亥晋吏部尚書故吏部率以疑事嘗故相嚴嵩嵩得從中持之默於部事輙經奏無留端為嵩地者遂相郤會遼事巡撫

訣默推布政張臬臬雖嵩之鄉人而素疎嵩遂
於
上前排之
上怒默罷歸既而召復太宰如舊賜直廬許騎
行禁中數被褒嘉默屢言于嵩請令世蕃歸省
墳墓以息外議嵩不悅又於大覲戒門下毋入
一客即同直大臣亦不相燕見嵩有所庇輒不
得通迺大恚工部侍郎趙文華者憸壬也浙直
備倭欲攘功請視師及還報謂本兵在掌握沮

於默大失望默部試策問漢武唐憲及邪正辨
數事二氏寥疏其謗訕下錦衣獄雜治之竟斃
獄中隆慶改元復太子少保吏部尚書兼翰林
院學士賜祭塟萬曆間
賜謚襄愍

論曰予讀樂毅報燕惠王未嘗不廢書歎也
嗟乎君臣遇合有始終誠難哉默以忠讜結
主上自外僚入為司成歷卿貳長銓衡內直
備顧問爰立之命可旦夕俟遽以讒間殞于

非命哀哉或言默有蹇蹇之節而少休休之量身陷大辟為天下笑人生自樹立禍福善敗避逅間耳語曰寧為玉碎毋為瓦全烈丈夫寧能有顧避哉彼譏人者竟何如也

閩大記卷之二十二　　列傳七　名臣

朱鑑

朱鑑字用明晋江人永樂鄉薦蒲圻教諭擢監察御史按湖廣再按廣東禁奸戢暴所部肅然有出巡録至今傳誦正統初興武學鑑董學事陞山西左叅政權璫王振挾駕出師鑑上章留

太皇太后讀其疏泣下時

大駕已出土木之變鑑勒兵勤王以遏南侵陞

右都御史巡撫山西鎮鴈門要害涕泣誓師在

山西十餘年屢疏上皆邊防大計權奸石亨先以失機爲鑑所劾憾之不忘遂懇致仕家居二十餘年一大星隕所居無疾而卒年八十八孫輔以任補官四世孫安期進士

潘賜

潘賜字文錫浦城人永樂二年進士授行人使日本回獻德化書陞禮部郎中轉鴻臚少卿再使日本回轉江西參政爲讎家誣奏落職洪熙元年起爲南刑部主事宣德間復除鴻臚少卿

使日本回卒于官賜才思高邁操履方正使外夷能全大體時論賢之

黄鎬

黄鎬字叔高侯官人正統十年進士監察御史十年按貴州時麓川蠻反貴陽道梗鎬躬擐甲率精鋭轉戰而前會官軍為賊所襲尚書王驥退屯沅辰平越被圍尤急議者以無積聚欲棄其城鎬獨持不可平越貴咽喉無平越是無貴也乃集城中軍民檄撫苗共守之賊日夜攻

圍人乏食至掘鼠羅雀而氣益振會朝廷遣大兵至賊潰圍解蓋九閱月矣當時微鎬貴幾殆景泰三年還京湖湘蠻復反命大臣戡定鎬叅其軍寇平陞廣東僉事改浙江復以廣東左叅政分守高雷廉三郡負海多盜悉勦滅之鎬本起諸生按貴陽年甫三十制勝伐謀若素閑軍旅其後屢建戰功歷長藩臬入為副都御史又轉少宰拜南京户部尚書以疾乞骸骨歸賜璽書乘傳歸卒于途贈太子少保謚襄敏鎬器局宏

遠所在有聲未嘗自言功人益重之

陳俊

陳俊字時英莆田人正統十三年進士歷官戶部徵草天津諸衛爲奏減三十五萬束天順五年兩廣討叛蠻假俊便宜勑督軍丁內艱不得歸明年事平始奔喪成化元年以南戶部郎中陞南太常少卿四年召爲戶部右侍郎凡四方條災傷邊鎮請芻粟爲裁盈縮盡得事情八年改吏部十三年九載滿考陞南京戶部尚書歷

吏兵二部又九載請老俊孝廉沉毅簡質歷户部歲久按典則制國用省財不啻數十萬計卒贈太子少保諡康懿

翁世資

翁世資字質甫莆田人正統七年進士户部主事有能名丁外艱歸景泰初尚書金濂奏起復世資固辭復除仍主事晉郎中江南水災世資徃覈奏免税糧五十餘萬石芻倍之檄所司賑卹天順初同考會試尋擢工部侍郎奉命督運

大木及內織染事上疏停徵以寬民力忤旨下詔獄謫知府衡州為衛帥所誣奏復逮至京事白復官成化初陞江西左布政五年晉副都御史巡撫山東八年遷户部左侍郎督京通倉場十七年陞本部尚書引年乞休加太子少保致仕卒贈太子少傅世資歷官四十餘年所積資與親故共之兄世用進士貴州叅議

謝士元

謝士元字仲仁長樂人景泰五年進士歷户部

郎擢守建昌為政以教化為先務有兄弟訟田
者以禮義曉譬諄諄懇切遂感泣相讓滿九載
郡内吏民詣
闕奏留增俸一級未幾復以為廣信太守治如
建昌屬邑永豐民無賴聚穴山盜礦卒衆驅之
伏發鎗中其股畏創復戰竟擒賊築其山穴而
還滿四載擢四川參政右布政尋奉
命以副都御史巡撫其地弘治初致政歸士元
才長於治郡有古循良風天性孝友勇於為義

既得謝以所得俸市田宅與兄弟共之一門同
爨食指千餘兄弟子女婚嫁費皆已出不異所
生闔内肅雍士大夫尚其家法卒
賜祭葬子建柱舉弘治乙未進士歷官湖廣按
察司僉事謙恭朴素善屬文有父風

王克復

王克復字師仁福清人天順元年進士刑部主
事歷員外郎江西參議湖廣按察使江西布政
使以副都御史巡撫南畿轉南吏部侍郎致政

歸克復長于法律在刑部為大司寇陸瑜所重
兩奉
命讞大獄咸得其情出長藩臬吏民聞王刑部
名自不敢欺然折獄持法不苟所至發姦弟取
魁傑無濫及有南畿清戎使者文深多遣發克
復察其誣悉為脫尺籍性質直寡言笑刑部十
五年布政九年同時巧宦躐己未嘗介意家居
不干外事與方伯謝瑀輩為耆英會鄉人雅尚
之

陳紀

陳紀字叔振，閩縣人。成化五年進士，改翰林庶吉士，授監察御史，按兩浙塩法，督學南畿，轉陝西按察使。弘治中以僉都御史巡撫宣府，尋入佐院為副都御史，卒于官。紀天性孝友，與物無競，及當官而行，所歷内外，憲人不敢以私干之。在陝出滯獄八百餘人。晚入内臺，尤執法不苟。有中貴人席寵，縉紳造請無虚日，紀獨不往。後中貴人得罪，紀無所污。生平不問產業，卒未幾

家蕭然

劉璋

劉璋字廷信南平人天順元年進士戶部主事遷郎中歷山東叅政浙江右布政浙大藩諸郡倉儲猶乏璋裒多益寡尚欠米二十二萬石海軍盡欲棄伍陳告璋亟遣諭之錢米區畫已定早晚支給敢擅離部伍者不貸時巡撫王恕積貯各處餘糧價數萬兩璋徑支二萬五千兩散給軍士後移文請罪又奏諸歲輸戶口塩鈔折

米或銀以足軍需從之遂多羨餘擢副都御史總督漕運時河南數州饑戶部主事張倫奏依宋運由黃河入汴以漕糧往賑數州有
旨命倫督運十萬石璋督運十七萬石倫盡不知黃河險阻非江淮舟所能濟也璋乃選巨艦募善水者操之通運二十七萬石以往尋改巡撫鳳陽又移湖廣鄖陽鄖境先困旱璋入境大雨如注蝗盡赴水死又奏
勅巡撫四川播州宣慰楊氏兄弟以不法事相

許大臣勘視得其罪狀有
詔變置璋奉
朝旨又慮員固為患調停注措遂息釁端遷工
部侍郎晋南禮部尚書尋召為工部尚書上所
規建賴璋諫止報罷甚多弘治九年請老歸加
太子少保
賜馳驛廩輿年八十三卒璋涖官最久喜怒恩
威未嘗毫髮自私所至有聲家居絕干謁近世
大臣完名始終罕見其匹

林泮

林泮字用養閩縣人父鈍鄉薦三子俱以甲科顯稱閩中三鳳云清源耿介有父風官終南工部主事泮與弟濬淵皆從受學嚴事之泮成化八年進士南大理評事歷寺副正知廣州府廣山藪多盜泮勦撫隨宜郡以寧謐在廣九年擢江西參政左右布政使入為順天府尹户部侍郎總督儲務直節不阿為逆瑾所嫉正德三年拜南户部尚書泮懼瑾中傷不敢之官上疏乞

骸骨歸瑾矯旨令致仕既歸以江西文致罰米数百石實塞下家居數年卒泮少受禮學退然若不勝衣而中確有定守遊太學時有誣奏祭酒陳鑑伏
闕下抗疏直之居官常俸外不私入一錢家既被火又為逆瑾罰米至假官舍以居布衣蔬食與諸生談論經義泊如也弟濬淵官至按察司副使

論曰予兒時聞林司徒清白狀司徒於予家

有厶葛習知之廣寶王鄉也司徒領郡九載又長江藩至南户侍皆操利權無一卒之田爲子孫謀謂其清白諒哉或言司徒持法深雖有清名其後式微殆不然王少宰劉司空與先大叅同朝頗聞其履歷云

朱欽

朱欽字懋恭邵武人成化進士寧波府推官拜監察御史侃侃論列遷副使晋按察使左布政使積財羸餘盡勒于石擢都御史巡撫山東正

德初逆瑾方熾遣索綵繒五百匹有司具請歛斥使者歸瑾怒會瑾忌同監王岳譖謫守陵至臨清賜死欽毅然此瑾矯制竊柄之漸吾守土大臣安得無言疏上爲瑾壅蔽乃媒糵其短欲寘重辟適欽治沉酣者遂以禁釀非法遣官校逮

詔獄跣行就逮行人皆怖欽晏如也既入京坐免官猶以失解弓張事罰米三百石輸大同尋又文致其罪罰輸粟甘肅未行瑾誅復原秩致

仕欽與晋江蔡清最厚其疏王岳事具蔡集中家居衣冠竟夕無惰容恂恂與鄉人語必依孝弟鄉人化之卒年七十有七

賜祭塟

方良永

方良永字壽卿莆田人弘治庚戌與弟良節同進士歷刑部主事員外郎擢廣東按察僉事攝海南兵備瓊賊符南蛇作亂督府劉大夏航海夾攻獨良永所部有紀律在軍三年時叅謀議

補海北兵備屢瀐巨寇丁外艱歸服除赴
闕不謁劉瑾時補河南瑾矯旨勒致仕會海南
有訴人命者瑾欲中良永竒禍遣官勘問勘官
刑曹周時敏者力明其非辜延得歸瑾誅起湖
廣按察副使擢廣西按察使山東右布政使甲
戌考察

廷旌十六人良永與焉尋轉浙江左轄裁抑織
造内臣所省不貲倖臣朱寧者本錢姓遣僕粥
鈔于浙索銀三萬兩同官畏其勢計取貧民以

滿所須良永持不可累疏乞休因劾寧在法必誅請逮其黨送法司絕禍本寧懼留疏不下遂以所謀散鈔各有規厚利者盡罷之良永又疏乞身養母得請浩然而歸後寧伏誅籍其家起良永副都御史撫治鄖陽嘉靖元年也良永以母年八十懇疏終養

詔給月米如侍郎潘禮御史陳茂烈故事母卒服除起督儲應天兼巡撫在道疾作懇請致仕抵家尋卒

命下已晋刑部尚書訃聞
賜謚簡肅良永外和内剛遇事毅不可奪嘗斥
近世學者宗超悟而論宏濶殆羊質虎皮談正
學者皆然其言子重煮别有傳弟良節歷官至
布政使

林雲同

林雲同字汝雨莆田人唐九牧藩之後也父壇
自有傳雲同嘉靖丙戌試禮部第四賜進士改
庶吉士授户部主事戊子奉

命主試廣西榷稅九江羨千金餘檄府收之竟
不持一錢行遷禮部員外同考壬辰會試出為
浙江僉事提學外艱服除補河南兵備頴上提
學改兵備以在浙伉直忤永嘉張相也後擢廣
東提學副使御史欲以射圃地為邑宦園林堅
持不可御史不悅歷遷浙江右布政使入
覲槖蕭然
廷旌治行第一遂轉左時貴溪夏相屬按史為
脱一重辟雲同正色官可去此囚决不可出未

幾夏相羅擢副都御史督撫湖廣有屬令以賄遷内臺者雲同發其姦狀彼誣辯嚴相子世蕃從中擠之坐回籍隆慶改元起爲刑部侍郎轉右都御史掌南院事給事中石星等言事得罪抗疏救之遷南工部尚書刻意節省以澇奏免江南廬州田課十之五章五上乞休允之萬曆初起南刑部尚書再辭不允至復懇辭

賜乘傳歸卒年七十有八贈太子少保謚端肅

雲同端方樸古不以論著空談自炫飾其學專

根本先義利之辨與近世講學媒進大有逕庭云

鄭世威

鄭世威字中孚長樂人嘉靖八年進士歷四川叅政致仕世威儉質簡重矜持名檢其為江西憲副時輔臣夏言家居建醮託言祝
萬歲壽偕諸臣往拜見疏文乃言祈嗣遂遠衆不拜而歸無何言起復相諸司往賀言開角門肅客入威却立不肯進言甚憾之既而言敗被

刑感亦釋政家居杜門講學足跡不入城府隆
慶初起為南通政都御史南吏部侍郎改刑部
侍郎乃歸其副憲臺也會有舉王守仁從祀
孔廟世感上疏力詆其偽學行與言違亟罷從
祀後以亞卿歸蕭然若環堵之儒萬曆十年卒
禮官言其歷官權貴之鄉媚竈是耻辭榮寂寞
之野杜門自高純實也萬曆中
賜祭葬贈尚書謚恭介
論曰暴行邪說其禍人甚哉學士大夫怵于

禍莫不承順趋于利莫不承聽狂瀾砥柱識難其人正德以前逆閹肆虐嘉靖中權奸柄政跛行淫詞游揚其間吾閩若林文安彭惠安林貞肅朱都憲張司馬林鄭二司寇數君子能不怵于暴行不惑于邪説卓然有立狂瀾砥柱蓋數公謂耶頃隆慶間

廷議從王文成祀以鄭亜卿　世咸　一疏而止識斯人

孔廟俎豆又登一舒王哉萬暦間王竟從祀以

江西履浙東本貫二地從遊講學甚衆

黃光昇

黃光昇字　　晋江人嘉靖己丑進士積官刑部尚書卒年八十餘

贈太子少保謚恭肅光昇初歷江西藩臬雅有執持不爲媕阿時宰夏言嚴嵩相繼柄政凡所需求一切不得行坐是積忤權執遂自免歸二相相繼得罪光昇自田間起用旋至大司寇年未甚老即乞致仕家居養重不干有司郡人愛

丙敬之子喬直舉人孫瑛萬曆戊戌進士南海
知縣

馬森

馬森字孔養懷安人初從裴姓嘉靖乙未進士
疏復今姓歷户部郎太平知府江西副使左右
布政使副都御史巡撫其地進户部侍郎改大
理卿復爲侍郎積官兩京户部尚書以母老請
告家居十年卒
贈太子少保謚恭敏森通達政體由太平轉江

西薦更數任至御史中丞多惠政難悉人至今思之雅有清操既長司徒精于贏縮國用具足宇内以災傷疏蠲輒從所請少遊莆人林學道之門不負所學既貴且老猶手不釋卷所著四書五經質疑諸書有與宋儒異同爲海内學士所推重嘉靖季衛卒乘釁鼓亂森兩出諭撫定閩會敉寧鄉人建祠于山祀焉伯子熒蔭督府經歷卒于官

吳文華

吳文華字子彬連江人父世澤別有傳華嘉靖丙辰進士歷戶部郎推爲廣西僉憲督學轉晋湖廣憲副仍督學兩地作人爲多屢轉藩臬至河南右轄
廷議廉能大吏十三人華爲之首萬曆初轉應天府尹未上改副都御史提督廣西軍務屢奏膚功陞戶部侍郎丐歸養母起兵部侍郎仍撫廣西入佐刑部拜御史大夫帥兩粤勞勩尤甚大征昭平等處未嘗妄戮不辜人至今談之擢

南京工部尚書尋改兵部參贊機務以疾乞歸
尋以大司空起五疏辭免乃得
俞旨依元官致仕年幾八十卒
贈太子少保謚襄惠有子三人皆用蔭補官華
有文譽詞翰尤工人得其片楮尺縑共珍之所
倒立昭垂不朽初不在此也

論曰三尚書偉然碩輔之望文經武緯岳立
海涵所注措論列法施于民功在社稷可孜
而知也馬司徒自予先子累世通家頗詳其

歷履吳司馬受知雖晚早歲已想聞手采尊主庇民西南倚以為重易退難進險夷一節可謂大臣矣司徒家居以數言定傾已亂視林高二公尤偉非素望有此哉

謝杰

謝杰字漢甫長樂人士元從孫也幼警敏有大志博學能古文詞食貧四壁皆立舉萬曆甲戌進士授行人持節冊封中山王故事有餽金壓卻之往返數四迄不受夷為立卻金館歷任光祿

太常卿勘
皇陵忤相國旨淹遲十載恬不為意累遷京兆尹巡撫南贛副都御史刑部侍郎總督倉場户部尚書所至卒以清勤厲俗身為民先故不令而化癸卯冬漕運愆期公憂形于色早夜焚香祝天運河冰獨不合艚艘卒屆期朝野駭異公知無不為擘畫劳勣倍常甲辰夏一夕暴卒年六十八
贈太子少保遣官護喪歸

賜祭塟有加公行誼經濟皆褎然為縉紳望未究其用論者惜之所著有蕉鹿天靈白雲棣蕚北牕諸稿行于世

王善

王善字師舜侯官人永樂九年進士南刑部主事明習法令因誣奏受賕　上遣客檢其家但得所賜鈔數異之遷郎中擢雲南參議正統間麓川蠻反大司馬王驥討之善設方畧儲餉不乏持身廉有幹濟才四川土官賴馬非與永寧土官南八爭地治兵相攻善居中駐守二土官俱心服仇解秩滿當入京為咸寧伯王越奏留

恭其軍事居久之以老乃歸

林碩

林碩字懋弘閩縣人永樂進士監察御史宣德初按浙江尋遷按察使時有中貴人裴可立督浙運湯千戶者賄結倚勢橫郡邑碩繩以法中貴人訴于上誣碩阻格詔書出不遜語逮至闕下叩頭言臣御史官七品超遷憲長三品惟恐不能報主恩臣實無誹謗語緣臣按浙權貴多不便今欲去臣自便上爲霽威釋之復其官降

勑切責可立碩在浙久人多懷之轉廣東布政使卒

韓弘

韓弘字士毅福清人永樂進士戶部主事歷寧府長史弘好直諫寧王誣以他事逮至京師江西省臣為白之得釋調永平府同知擢知府揚州滿三歲郡人詣闕奏留詔增俸一級轉浙江左參政致仕其為揚州時建安楊榮過之題其壁清廉太守云

林文秩

林文秩字禮亨懷安人永樂十三年進士改庶吉士授監察御史號能執法宣德初從征高煦還按應天畿内民懷之詣闕乞留復按一歲擢山西副使進按察使時有大獄連坐者三百餘家文秩察其誣力為辨釋活數千餘人致仕卒弟文秸别有傳

王英

王英字孟育侯官人正統進士歷南戸部郎中

成化初叅議廣東歲侵盜起英被檄立法平羅四郡悉賴以濟盜遂衰息廣人德之官至雲南叅政致仕子祿會魁進士光祿少卿

羅明

羅明字文昭南平人成化進士監察御史清浙江塩法按廣西内批鎮守太監黄沁進所産禽鳥明奏罷之還掌道事東直門災　朝廷範白金為真武像遣中使送武當山崇奉明言費財擾民無益於事久因災異疊見陳言修省因及

鑾輿遊幸南城西海錫賚無度非敬天弭災之道遷陝西按察副使尋以艱去服除仍補陝西會屬州民在嵩洛竊發銀礦因誣逮平民論死者四十餘人明爲辨釋所坐三人遷按察使值歲饑人相食明悉心賑貸條荒政二十事上之皆見施行遷雲南左布政使叩㦬去京師最遠民夷雜居明爲政從簡不事苛細明年擢副都御史巡撫甘肅其地古河西五郡也控引西域流沙番胡參錯號難治明居陝久稔知其弊請

罷貢獻以息橫歛奏奪勢家擅草湖之利以還軍士尤留意於學校增貢額祀先聖始用雅樂治效彰彰弘治二年璽書褒奬區畫哈密功召為工部侍郎命下明已疾卒月餘矣明外和內剛歷官二十餘年清介如一日

謝士元（按此傳已見前卷此後重出）

謝士元字仲仁長樂人景泰伍年進士天順中歷戶部郎中擢守建昌政以教化為先新學宮闢射圃公暇與諸生習禮其中講求民間利病

張弛之兄弟訟田者士元以所作敦化圖詩諄諄曉譬遂感泣相讓滿九載吏民詣闕奏留詔增俸一級未幾調守廣信士元悉以所治建昌治之屬邑永豐有盜礦流寇士元率衆驅之伏發傷服畏創復戰竟擒賊封其山穴而還守廣信又四載擢四川叅政右布政使尋以副都御史巡撫其地弘治初致政歸士元天性孝友勇於為義既得謝以所餘俸市田宅與兄弟共之一門同爨食指千餘兄弟子女婚嫁費皆已出

子庭柱字邦用弘治進士大理評事湖廣僉事歸卒年九十六為人謙恭多識能繼其家聲但好神仙堪輿家學亦通人之蔽云

王佐

王佐字彥弼侯官人宋江東提刑益祥十世孫也景泰二年進士歷刑部主事員外郎郎中廣東參政卒于官在刑曹十有六年持法公平凡訊鞫問律何如不自為重輕有指揮罪抵死暮投金一橐逸去遣人踵追不及明旦亟白尚書

移他曹又有一富室或誣以罪當死爲昭雪不以嫌避其人來謝弗見也大司寇鄞縣陸瑜雅重焉浙有大獄奉命往按時論稱平超拜廣藩大叅在廣有戡亂功值歲祲賑貸勸分全活甚衆子孫登科相繼人以爲陰隲之報云孫希旦曷別有傳

陳煒

陳煒字文曜閩縣人父叔剛入翰林侍講叔紹官終按察副使並稱名官煒天順四年進士授

監察御史成化初奉命按南畿改督學北畿遷江西按察副使歷按察使右布政使轉左浙江未上卒煒為人風格峻整政事敏達在臺號敢言錦衣指揮門達者自先朝恃寵干政屢起大獄莫敢誰何煒歷疏其姦利狀　詔竄達領表中外稱快南給事王徽因論學士劉吉外遷煒又上疏論救由是陳御史直聲殷殷動天下煒在江西善折獄吏民畏之若神然用意甚厚惟恐有濫及者有盜越獄同僚罪守卒故縱當死

二十七人熗言一盗逸死者顧衆於法太峻竟從臧論弋陽樂平二邑人爭陂久不決熗為権其利樂平民得決水溉田百餘頃而代弋陽輸賦若干二邑人稱便其知大體周物情多此類仲子墀弘治進士歷官憲副孫全之嘉靖甲辰進士山西叅政

陳達

陳達字德英熗從父弟僉事炷之子也弘治乙丑進士推官寧波府達弱冠登第為司理胥史

頗易之反見訊鞫即精法家所不逮乃皆縮手不能為姦利擢南武選主事尋入為職方郎中大司馬王瓊每當遷秩輒言吏部留陳職方協贊戎政久之轉太僕少卿嘉靖初改大理尋以為僉都御史巡撫山西議節祿粮直給諸宗室親藩不便也遂誣奏罷歸達性慎恪能守職所在著聲坐廢非其罪觀風使者薦于　朝至十餘疏輒報罷家居去城市遠人罕見其面屢空假貸若環堵之儒子朝錠鄉薦永寧府同知致

仕達弟遲

遲

遲字德輝嘉靖乙未進士筮仕廷尉評歷寺副正擢守安慶府兩淮運使廣西參政廣東布政使卒于官遲豈弟沉靜博極群書玩心數學居官所至無廢事持身廉介為參政服闋之京不宿傳舍買舟泝江漢稱貸于所親乃能自達歷官三十年屢執利權未嘗於舊業長尺寸人謂處脂膏不能自潤云

論曰予大母義溪陳氏其先與侍講憲副公同産予伯父民部又受室於方伯公子埏與山西大叅為外兄弟以予所聞陳氏世德最詳奕葉奮庸後先濟美其卓然稱名臣者項背相望今閩人閥閱以陳氏稱首予觀義溪有三十六灣文筆諸峯最奇特殆靈秀所鍾耶語曰地靈人傑豈虛乎哉

林有年

林有年字汝永莆田人鄉薦教諭蕭山東莞二縣母沒廬墓次三年擢繁昌知縣值歲饑捐俸助賑力行善政以孝廉薦拜監察御史一歲中七上疏感切時政　武宗怒逮詔獄謫丞武義擢樂清知縣嘉靖改元復除御史擢衢州知府宋趙抃其郡人也扁清獻遺風齋閤自勵尤多惠政擢貴州按察副使致仕家居不入公府家人常至乏食年近九十卒弟有祿由鄉薦同知安慶府宸濠之亂府僚皆避匿祿獨不遷其孥

以安衆心卒死士攻賊推其前鋒事定論功王守仁顧右其守張文錦有祿僅得淮安運同後擢瓊州知府致仕卒八十

林茂達

林茂達字孚可莆田人淮安同府思之子也弘治壬戌進士歷行人監察御史湖廣按察副使雲南按察使貴州布政使所至有聲以左轄引年進副都御史致仕嘉靖八年起南大理卿懇辭允之茂達在西陲官久以清白著為人坦直

無外餙卒年八十有六

鄭岳

鄭岳字汝華莆田人弘治癸丑進士刑部主事論因東市錦衣千户張福者恃勢越坐岳上奏語涉中貴下詔獄堂官疏救得釋轉員外湖廣按察僉事宗藩侵奪民田累奏不決岳竟直之荆岳歲饑設法賑活甚衆正德初擢廣西兵備副使征黑松峒奏捷調廣東尋擢江西按察使振揚風紀為逆濠所忌連擢其地左右布政使

宸濠橫奪民田億萬計民設寨聚守濠諷總制勤以兵岳力沮之李副使夢陽江御史萬實訐奏下藩臬會勘岳欲平其理夢陽務求勝濠從唆之執岳憲司舊役門隸考掠誣岳用公堂銀文致送濠禁錮事聞下鎮巡勘報濠左右夾持成獄臺諫暨江西撫臣交疏其枉遣大理卿燕忠給事中黎奭覆勘竟為濠所陷坐罷後濠反伏誅起岳四川左布政使以母喪未終制不赴嘉靖初陞副都御史巡撫江西至則民聚觀相慶

岳奏賑恤受兵郡縣定討逆功以及贈恤死事之臣皆報可甫三月擢大理卿前後四上疏皆切時政陞兵部侍郎以嚴正大同功次權倖側目又議禮忤旨奪俸言官風聞媒蘖其短力請致仕歸家居十五年薦起者六俱不報岳孝友謹礼力學老而不懈卒年七十二子泓初為逆濠所陷謫戍赦回蔭授詹事府錄事疏歸終養

留志淑

留志淑字克全晋江人弘治壬戌進士温州府

推官擢刑部主事員外郎中録囚畿内平反甚衆為杭州知府鎮守畢真者逆濠黨也至自江西勢張甚後從五百餘人肆行殘賊人人自危志淑廉其狀白臺察監司陰制之真歆起變因而殺官挾衆以逞一夕購市人火其居延燒二千餘家志淑遣人救火閉門不出察報諸司無輕出數日報濠反真謀變益急臺察監司召問計志淑請監司以常礼見自提民兵伏真門外監司出志淑乃入真怒知府誣我反手應曰固

無是第府中役從太爰涉疑似耳因目左右出報監司復入志淑上堂執其手與語速自為計監司僉言曷若遣所不籍之人以釋衆疑真倉卒呼其衆出則民兵盡執付獄俄與真入視府中見所藏兵器詰曰此將何為真不能吞覊留逾月　上得奏狀速繫入京伏誅其膽氣知畧皆類此改知徽州有持檄從府中門稱奉　旨擒某民志淑察其人富而無過舉必詐也令即傳舍醉之酒潜發封無一字坐論如法徽俗囂

訟剖析如流獄遂衰息時去杭踰年杭人白當道復之徽人請留臺察以聞從杭請尋擢湖廣按察副使轉參政銅盆嶺峒賊起志淑設方畧諭降之值歲饑巡撫欲出賑志淑言都府不出所以賑也諸僚愕然相顧志淑曰都府一出騎從合沓資粮器備一郡何啻百金況有緣為姦利者巡撫深然之志淑自請出賑所活甚衆又開留公堤溉之田乃有秋轉江西按察使尋陞浙江右布政使未上疾卒時嘉靖十一年也子

元復自閩扶櫬江西藩臬暨諸郡賻奠幾五百
全悉辭不受江西移文督學潘潢奬之元復後
鄉薦知縣

林大輅

林大輅字以乘莆田人正德進士工部主事轉
員外郎黄鞏等諫南巡下獄大輅偕同官上疏
論救并下詔獄廷杖謫判夷陵州嘉靖初起為
江西僉事擢副使河南按察使右布政使復擢
副都御史巡撫屬水災民多流徙加之藩封工

役諸司告匱大略引咎自劾言觸時忌取旨罷歸居家二十七年累薦輙罷大略以讀書養親自娛時稱其孤忠大節爛於文辭

鄭漳

鄭漳字世績閩縣人父伯和别有傳漳正德丁丑進士歷户部主事員外郎中嘉靖初守肇慶坐與上官忤拂衣歸久之復起登州秩滿擢兩淮運使居官不爲赫赫声然廉直有恩意郡人暨淮商盡德之所在有去思条政廣西改河南

建安李太宰默素重之，薦長藩臬，入為南京兆刑部侍郎。默得罪，臺諫承權奸風旨，論漳年老，乞骸骨，卒于家。漳貌不逾中人，狷介寡合。貴溪夏相言者，漳同年進士也，入京時邀一往見，竟出都城。嚴氏父子柄國，能為禍福，方岳餽遺瑰奇錯落，漳左轄入覲，獨持青布數端為贄。卒之日，器無珍玩，侍無妾媵，貽諸子圖書數卷而已。

陳文沛

陳文沛字維德長樂人其先從林姓正德丁丑進士工部主事歷員外郎郎中奉使三吳開白茅港築海塩塘又督邊儲皆有功詔增其俸後守撫州調蘇州所至治最擢副使覇州兵備以陜西行太僕卿罷歸其歸實太宰汪鋐以私憾擠之也家居二十年不入城府蕭然或自嘲終不改其操子時範嘉靖辛丑進士歷雲南布政使清約有父風

黃潤

黃潤字以誠晋江人正德辛巳進士知武進縣嘉靖初江南大饑流移其邑三萬四千有奇潤多方賑給民賴更生武進賦重潤上奏記巡撫為議改徵民懽呼相慶遷南户部主事改武選俱有能名轉車駕郎中　上遣李真人設醮齊雲山估寵多索符傳潤曰勅給應付止李真人耳且上畀百金為道里費正令勿擾州縣第如制與之出為松江知府復改東昌尋遷河南憲副兵備信陽是冬虜寇太原潤提兵守井陘

不南侵二十四年遷山西叅政分守潞安母老歸省遂乞終養家居數年卒

論曰粵稽六卿分職以倡九牧阜成兆民當時政出於一無不業其官者斯治朝之盛也明興重熙累洽二百餘年所舉無遺才才亦無遺用驤首奮翼爭於自效豈獨其人之賢哉紀綱立賞罰明政使然也吾閩東南一隅策勛明時敭歷中外彬彬周翰何其盛也予故表著之

閩大記

卷之二十三

閩大記卷之二十四　　列傳九　名臣

鄭露

鄭露字恩叟梁陳時人其先榮陽渡江入閩遠祖昭嘗過泉之莆口愛其風土遷祖墳於南山塋焉至陳世莆未為縣人不知學露與二弟莊淑自福永泰徙莆廬墓側據南山之勝構書堂脩儒業時作篇章訓子弟莆人化之自是有衣冠文獻露官太府卿莊中郎將淑别駕稱南湖三先生

林蘊

林蘊字夢復莆田人父披別有傳蘊應賢良方正策語大而肆擯不取唐貞元四年以明經及第韋皐辟西川節度推官皐卒劉闢代之有反謀蘊曉以順逆不聽復遺書切諫闢械蘊獄將殺之陰戒行刑抽劍磨其頸脅之蘊叱刑者死即死我頸豈頑奴礪石闢知不可屈舍之斥為唐昌尉闢敗蘊名震京師貽書時宰言西事詞極感憤宰相不能用滄景程權辟掌書記權上

四川版籍請吏軍中畏内屬挾權拒命藴諭首將以君臣大誼權乃得出藴遷禮部員外郎改邵州刺史後坐事流儋州卒

黄璞

黄璞字德温侯官人少與歐陽詹齊名唐大順進士崇文館校書郎昭宗時杜門不仕黄巢入閩以璞名儒戒毋燬其居勒兵滅炬而去後徙莆田令侯莆二縣俱名其里爲黄巷

林慎思

林慎思字建中長樂人唐咸通進士復中宏詞歷校書郎水部郎中萬年令黄巢入長安逼授僞官慎思罵賊死所着續孟子伸蒙子皆本仁祖義有裨世教

謝脩

謝脩洪文用石賁三人者龍溪人也偕隱青樵文圃山其地介漳泉間廣明西幸脩遁迹巖棲俟光啟回鑾乃出尋擢第五季分裂仕各擇主文用終不屈賁以世胄乃仕鯁論忤時浩然而

歸今數百年三冢纍纍相望嘉定閩漳人楊志
作三賢堂西蜀何致一爲記
伍正己
伍正己初名愿字公謹寧化人也唐大中進士
臨川尉更今名累官御史中丞嘗諭臺屬當正
廟廊之失小臣細過不必攻凡正人爲邪所擠
極力拯之黨禍起棄官歸卒年八十一四子皆
以任補官其後登科最盛玄孫擇之
擇之

擇之字元寶父祐宋祥符進士著作佐郎太常
博士歷州縣以廉能稱擇之皇祐癸巳進士南
豐簿時曾鞏兄弟尚未第一見異之與為忘年
友用薦除秘書少監致仕歸元祐閒起知長樂
縣時諸司相矜濟興大獄擇之慼然而歸

陳從易

陳從易字簡夫晋江人宋端拱進士歷彭州推
官盜陷成都諸郡彭人謀殺官兵內應從易攝
州廉首謀誅之乃厲將吏命積薪舍後吾力不

支死此事定召爲秘書省著作佐郎出知邵武軍預脩册府元龜遷監察御史改直文館知處州會歲大饑有持仗取民穀者請減死論活千人遷太常太卿直昭文館知廣州比還不市南物上飛白書清字賜之後除龍圖閣直學士卒從孫孝則宣和進士通判潮州知英州廣東提刑所至有聲

林旦

林旦字次中福清人槩之子嘉祐進士熙寧中

著作佐郎歷監察御史裏行在臺五月以論李定罷言職後復殿中侍御史即疏章惇蔡確之黨又言呂惠卿鄧綰宜投竄以謝天下又論崔台符舞文深酷逐之官終河東轉運使子膚亦有時名坐元符上書陷黨籍

宋咸

宋咸字貫之建陽人天聖二年進士知邵武軍立學置田移守韶州奏誅悍卒境內肅然狄青經制廣西辟爲漕屬以功轉職方員外郎奏乞

璦管立學變夷風仕至都官郎中五世孫翔登
第爲潮南帥叅

林積

林積字公濟南劍人少遊上庠息蔡州旅邸拾
珠數百顆還其人慶曆進士判循州會邑獲盜
積詳覆宥之忤使者意改知安福有張嗣宗者
煽妖術江左積言有道之世豈容妖賊害至治
收繫之秩滿調六合開陂塘三十六溉田民賴
之毋襄徒跣冒雪廬墓側郡守以聞詔旌之後

知泗州召對神宗嘉其廉除江西運判徙廣東提刑歷庫部郎中知福州河南轉運司使安石居政府屢稱之然以鯁挺不至大用子又字德新吏部侍郎敷文閣待制曾孫震

震

震字有則　初尉保昌改知建陽縣調石城歷簽書平海軍節度判官監行在左藏性孝友仕以幹敏稱在建陽治效尤著

李亨伯

李亨伯字安正龍溪人治平二年進士尉懷安知東莞縣遷知梧州全州皆有政績終忠州防禦使初亨伯居母喪甘露降庭為文有體尤長於詩蘇軾所重

孫諤

孫諤字正臣邵武人熙寧六年進士試法科第一累官右正言力言楊畏有三變望顯黜之又言免役法無以元豊元祐為間要以安元元無不均之患忤蔡京罷言職以直龍圖閣知廣德

軍有張介者隱居城北謂躬造之又與唱酬後入元祐黨籍子鎮紹興進士知州

王田

王田字景深莆田人熙寧六年進士松滋令荆湖信鬼以人祭田捕治甚嚴巫風遂息改知鹿邑滿歲邑人狀其治行者萬餘召爲宗正簿充睦親宅講官與鄒浩善浩諫哲宗立劉后田所賛也浩南遷人莫敢過從田斂錢爲治裝且慰安其母事聞逮詔獄除名徒步出都城至數十

里其子追及問以家事不荅徽宗立召復舊官擢監察御史未幾卒詔除其子渙老齋郎為蔡京所奪列名黨籍

陳中復

陳中復字從道莆田人年十八與兄純同熙寧六年進士尉懷安監建州茶務呂嘉問吳栻相繼京尹辟為叅謀朝廷議行茶法以中復嘗仕務官令條利害欲進用之中復固辭累遷提舉廣西黔南常平提兵破黔賊請無奪蠻境置從

允二州從之歷廣南東路提刑以中大夫召還
卒于潮州年七十一中復篤於倫理所得祿賜
悉給族屬貧者

謝伯宜

謝伯宜字睎聖海澄人熙寧六年進士知長興
縣累官尚書都官歷六任司議讞者四多所平
反秩滿乞歸障海成八九等都田導九十九坑
之水溉之都人衣食之原至今嘉頼肖像祠祀
之曾孫明之紹熙進士知邕州廉平著聲秩滿

乞歸

陳閎

陳閎字發明莆田人熙寧進士教授密州為守蘇軾所重密人儒風自閎始盛入為大學博士召對進二劄其一排新法其一進退君子小人當國忌之出判雄州尋除宗正丞官至朝奉大夫卒贈金紫光祿大夫

吳公誠

吳公誠字君興莆田人大觀三年進士尉古田

政和初擒剽盜林利眞諸法盡散其黨改京秩轉朝奉大夫致仕公誠歷官二十年凡家人所須悉因鄉里市致未嘗取之民奉祠日計所受俸餘悉籍於官至千緡死之日家無餘貲子廷秀以父任補官歷知肇慶府李全寇晋康廷秀率兵拒守斃其二酋事聞進兩官

陳郛

陳郛字彥聖建陽人知崑山縣歲饑諸邑希部使意不蠲其賦郛言歲饑重賦何以子民卒蠲

之後爲司農丞未嘗謁政府遷太府丞請外除福建轉運使以元祐黨坐廢復朝奉大夫卒邦性清介歷官五十年如寒士故吏以邦貧餽金不受

林豫

林豫字順之莆田人熙寧九年進士尉惠安改判集慶軍有擒賊功紹聖初授内藏副使歷知保德軍元符三年知鄜州黃河北决移守冀州募饑民築堤厚與之直河功成民賴全活崇寧

二年除真定府兵馬鈐轄知邢州大觀四年知
邵武軍邢臺邵武俱肖像立祠初豫受知二蘇
軾坐詩句下御史獄豫適賜對神宗問誰所薦
豫曰蘇軾臣嘗經杭州於會客中見其所言無
非忠孝李定輩皆側目及轍貶惠州軾貶雷州
章惇恨豫餞詞有壯心比石之句左遷雲騎尉
後入元祐黨籍

鄭濟

鄭濟字興梁莆田人元豐五年進士潮州司理

移端溪令中丞石豫者蔡京黨也欲薦濟臺職力辭居郎官不遷久之出知亳州道不拾遺召赴闕遷湖南提刑改知泉州尋奉祠致仕卒

章甫

章甫字端叔浦城人山陰令監左藏庫通判宿州有旨按獄南京人無寃者除太府丞後提舉常平河溢爲害甫因饑民賑而用之改知處州崇寧初黨論興甫除郡得對抗言禁錮元祐臣僚子孫之非終朝散大夫知秦州

陳覺民

陳覺民字達野晋江人熙寧元年進士元祐間舉賢良方正時方更法覺民乞復雇役及邊事毋棄内地知建陽縣人生祠之累遷宗正丞以母老乞外歷知漳建二州移福州樞密安惇者舊與覺民同舍情好甚篤元符間任諫議中執法皆不相聞及謫長沙欲以覺民自代令小吏待文書意規厚利覓民笑而遣之惇遂不樂及居政府言者希惪劾覺民監東嶽廟尋起知泉

州遷本路提刑兼三路轉運司以母幾百歲許蒞政于家便養鄉人榮之後以右文殿脩撰知廣州所至有治行卒官中奉大夫子磷上舍及第吏部郎中宋輔第進士因論二蔡謫簿餘姚

陳次升

陳次升字當時莆田人入太學昌言王安石學說之非坐屏斥後第進士知安丘縣哲宗時為監察御史察訪江湖効蹇周輔父子經畫江右塩法為害改河南東路提刑紹聖中復為御史

尋侍殿中章蔡以次升元祐外遷意其怨望下
又同鄉引寘憲府欲使出力排諸賢次升一無
所附論惇卞植黨爲姦時編元祐章疏又極言
其非論卞客周穜貪鄙鄭居中憸佞惇卞交惡
之使所善林顏致己意畀以美官次升曰吾知
守官君乃爲宰相傳風旨耶惇卞益不樂白爲
河北轉運使上曰漕臣易得次升敢言不當去
進左司諫密言宣仁太后保祐聖躬始終無間
勿聽讒人銷骨之謗吕升卿察訪廣南次升言

陛下無死流人意升卿慘刻逞志釋憾何所不至乃止不遣累論章惇疏皆留中尋謫監全州酒稅復移南安軍徽宗立召爲侍御史極論惇卞曾布蔡京之惡皆得貶竄建中靖國元年擢左諫議獻六事多規切尋使契丹還降充集賢修撰除名編管循州皆以論京卞故蔡京罷相復寶文待制累官朝散大夫卒于真州年七十六

丁伯桂

丁伯桂字元暉莆田人嘉泰二年進士累遷樞密院編修吏部侍郎給事中皆兼史職伯桂始為御史諫疏盈篋皆切時弊後出臺奏事指陳愈峻又言易置諫官如弈棋言官忤旨疏多留中此致異之大者又言韓休后戚除節度使開吳人進封濫恩親屬至百餘人皆人所難言未幾卒從子南一

南一

南一字宋傑伯杞之子寶祐初年五十七以累

舉隱兩科調福州懷安尉介特忤外臺改東莞監税飾謝子强薦于朝復以忤臺劾罷貧不能出廣人士多師事之漕辟廉泉書院山長洪天錫至徽攝海陽州教授

論曰吾閩人物唐李駸駸然在梁陳閩亦有人如南湖三先生是已宋多賢者莆最稱盛家居孝友爲吏廉平立朝著文卓然於正邪是非之間無所回互王回孫諤陳問林豫陳覺民陳次升其選也頗采其行事與尚論者

共之

閩大記卷之二十五　列傳十　名賢

周希孟

周希孟字公闢侯官人與陳襄鄭穆陳烈為友號四先生知郡劉夔蔡襄皆親至學舍質問經義部使相繼論薦詔賜束帛授將仕郎試國子四門助教三表力辭不許卒門人曾伉等七百人塑像祠于五福寺襄烈自有傳

鄭穆

鄭穆字閎中侯官人明經潔行從者千數皇祐

元年進士累官集賢校理歷岐王嘉王侍講居館閣三十年在藩邸一紀非公事不及執政之門元豐初知越州請祠元祐初召拜國子祭酒友人張景晟死遺金託孤穆反金而字其孫三年爲荆王侍講又爲楊王翊善太學生乞爲師復除祭酒六年請老與祠給事中范祖禹疏留之太學生數千人詣政府請留俱不報明年卒

劉彝

劉彝字執中閩縣人從胡瑗學稱善治水慶曆

進士累官朐山令邑人紀其事名曰治範熙寧
初為制置三司條例官屬神宗召對問胡瑗之
學與王安石孰優彝盛稱蘇湖大學之教有體
有用出其門者亡慮千人在朝若錢藻之淵篤
孫覺之純明范純仁之直溫錢公輔之簡諒以
言新法不便罷尋除都水丞知處州斥淫巫使
以醫易業俗為丕變加直史館知桂州交趾陷
欽廉邕三州坐貶尋除名元祐初復以都水丞
召還道卒累贈銀青光祿大夫從子康夫

康夫

康夫字公南，少從周希孟學。熙寧中，五路置學官，有請主教番禺，不就。元祐初，特奏名，尋卒。鄭俠表其墓。

章望之

章望之字表民，浦城人。以伯父得蒙蔭補官，監杭州茶庫，尋引疾歸。舉賢良方正，得象以嫌抳之。上書萬言論時政，不報。吴奎、范鎮、劉敞屢薦其才，除命再臨，不赴，遂以光禄丞致仕。望之宗孟軻性善排荀楊韓李之説著救性七篇又以歐陽脩排魏梁正統爲非著明統三篇又因李覯言禮爲仁義智信樂刑政之原著禮論一篇皆有補於世教

陳鑄

陳鑄字師甸莆田人天聖五年進士康定初知南雄州秩滿以母老便養求通判福州郡人蔡襄爲守稱其孝所裨贊善政多從之政判陳州會有水患悉力極援歷知潮登二州官至朝散

大夫守光祿卿卒塟宣州

阮逸

阮逸字天隱建陽人為鎮東軍節度推官景祐初與胡瑗俱召較鍾律尋除鎮安軍掌書記康定元年上鍾律制儀并圖三卷皇祐中更鑄太常鍾磬又召瑗逸與近臣議遂與樂事遷尚書屯田員外郎

王回

王回字深甫侯官人平之子嘉祐二年進士為

衛貞簿非其好也稱疾居潁久之治平中用薦爲忠武軍節度推官命下而卒回性質直款行孝弟動師古人嘗作告友欲聞其過持論甚美後友人常秩上其集詔補子汾齋郎回二弟向字子直同字容季皆有文名而官不達三人集皆曾子固序之

翁卲

翁卲字好德順昌人初名醇元豐八年進士崇安尉遷福清丞當路責以苛禮謝病歸縣令俞

偉興學校請邵主師席固讓不至楊時者邵反也貽書敦譬不得已應之旁邑士負笈雲集官至宣教郎時稱其篤行好古云

朱震 史作荆門軍人

朱震字子發邵武人政和五年進士仕州縣以廉稱胡安國薦于朝高宗召為司冠員外郎稱疾不赴後趙鼎入相薦震力學守道士之冠冕擢祠部員外郎督府詳議官遷秘書少監兼侍經筵遷起居郎建國公出就傅遷中書舍人與范

冲俱兼翊善賜五品服轉給事中兼直學士院遷翰林學士時徽宗未祔廟議行明堂大饗禮震謂不可遂謝病丐祠尋知貢舉疾卒贈中大夫震經學深醇有漢上易解

陸祐

陸祐字亦顔侯官人宣和進士莆田主簿茶鹽幹官所至留心職業與使者論不爲屈平生不求榮進或勸治生笑而不答所操持率應經義母喪服除猶依墓側不忍去里中士大夫狀其

行乞添差教授本州帥葉夢得以聞從之命下而卒

蘇大璋

蘇大璋字顒之古田人父鴻有陰德大璋慶元進士道州教授以聞揚正學爲任召試館職除秘書省正字累遷著作郎力言學禁之非丐外知吉州卒于家

游九言

游九言字誠之建陽人十歲即爲文詆秦檜初

尉古田入監文思院張栻帥廣西辟爲幕屬弟杓帥金陵又辟撫幹學禁方嚴九言記上元縣明道祠痛譏之開禧初爲陝西安撫機宜尋知光化軍統制荆鄂宣武參謀官卒端平中贈直龍圖謚文介弟九功用蔭補官至司農少卿寶謨閣直學士

九功

九功字勉之用蔭補官歷知全州湖北運判知鄂州召爲兵部郎官有讜言出知泉州端平初

召爲司農少卿兼樞密副都承旨知慶元府以循吏稱入權刑部侍郎丐祠再召不赴除待制加寶謨直學士九功廉慎與光九言爲師友講明理學寶祐中謚文靖

陳知柔

陳知柔字體仁永春人紹興進士判台州州辨釋繫囚四十餘人教授建州漳州再奉祠起知循州徙賀州知柔與秦檜子熺同榜無所扳附感年從仕即有歸志諸生從之户屨常滿寓僧房

四壁蕭然經談不輟

張彥清

張彥清字叔澄浦城人從朱子遊光澤主簿先澤有隱君子李呂者熹友也彥清與遊造詣日深校試三山士希時禁多訾儒學彥清所取獨持論不阿者人嘉其有守遷安福丞知慶元縣

劉彌邵

劉彌邵字壽翁莆田人夙之子也志學慕古郡守劉棟創尊德堂居之提刑福建復薦于朝不

報卒年八十二歲以京官知古田縣彌邵耿介陳宓鄭寅蔡淵數人之外罕所交接臨卒猶爲諸孫講張栻集解孟子一章

黄績

黄績字德遠莆田人聞陳宓潘柄學有淵源師事之二人卒績與同門友築東湖書堂置田祀之聚講如初績布衣門人以數千計子仲元

仲元

仲元字善甫咸淳進士除國子監簿不赴宋亡

更其名曰淵窮居樂道嚴東湖之祀卒年八十二仲元説經間與先賢異同其文艱奇處殆不可句云

陳駿 已見儒林傳此係重出

陳駿字敏仲寧德人乾道進士從朱子遊官止大冶丞子成父以諸科薦郡守辛棄疾賓禮之妻以女其學以誠正為本安貧守道澹如也同邑有鄭師孟從朱子遊力學甘貧黄幹妻以女

楊士訓

楊士訓字尹叔詔安人朱熹守漳士訓聽講年最少益自砥礪王邁賢之妻以女慶元進士古田尉海陽丞永福令政尚寬和訟者輒諭解之監鄂州粮料院踰月卒至無以爲殮總帥率屬賵賻得歸櫬行道皆掩泣

高頤熈應作頤

高熈字元齡寧德人慶元進士知東安縣其學以誠爲本嘗曰吾無天地生物之功而有其心無經國子民之任而有其志

趙汝佟

趙汝佟字臺卿太宗八世孫居泉州先以父任遜其季弟季夭復與兄之子汝佟後嘉定進士端平初知鬱林州未行改韶州治以平稱尋卒汝佟爲人清曠嘗託僧廬以居三子皆登科

趙時焕

趙時焕字元晦魏王九世孫也居泉州深於理學嘉定進士尉侯官調長溪號神君辟湖湘帥幕一夕訛傳壯兵至吏民俱潰焕治文書如故

留同幕歆以安人心遷太常簿攻史嵩之出撫州提舉江西常平民皆相慶除廣東運判汙吏屏迹

楊興宗

楊興宗字似之興化人師鄭樵林光朝紹興進士鉛山簿孝宗即位上封事召入審察言和議非便忤湯思退除武學博士相陳俊卿舉充館職除秘書省正字遷校書郎與師光朝同省脩四朝會要轉宣教郎權尚書司勳論張說不當

與趙汝愚同拜不報又以封爵太優不書勳忤時相出知處州除知温州以嫵改嚴州湖廣提舉

鄭寅

鄭寅字子敬仙遊人僑之子也用任補官歷知吉州召對言濟邸寃狀指斥權臣端平初召爲左司郎中權樞密副都承旨又請立濟王廟且言邊事出知漳州卒寅博洽名儒真德秀李燔陳宓皆與爲友

黄師雍

黄師雍字子敬閩清人少從黄榦學寶慶進士為楚州官屬秩滿議遷不肯謁史彌遠調婺州教授又師呂祖謙用薦知龍溪遷粮料院與博士劉應起首論史嵩之奸邪出知興化軍改邵武尋拜監察御史屢疏論群小攀附權臣者又劾史嵩之罷之丞相鄭清之忌其大用遷起居舍人兼侍講清之猶使少貶師雍欲為全人終不屈官禮部侍郎師雍簡澹愛重名節當官而

行無媿師友

余良弼

余良弼字巖之順昌人建炎初登第歷樞密院計議官通判漳泉二州以將作丞召廣西漕提點刑獄除知靜江府經略廣西撫勦群盜治效尤著尋與祠復除直秘閣致仕良弼通儒政以教化爲先聚書萬卷子大雅兩預薦書朱子重之

葉釆

葉采字仲圭其先括蒼人也父味道師朱子遂居建陽之後山采從蔡淵學又與李方子游造詣益深淳祐初登第轉景獻府教授表上近思錄遷秘書監累官翰林侍講乞休景定初有詔起官病不能赴尋卒

鄭應龍

鄭應龍字少慈長汀人學于楊方慶元進士潭州司理有卒盜帥全株連數人坐流應龍力爭之得免長汀士人周顗坐罪應杖守命理之力

為昭雪顗後得進士舉

龔郯 已見儒林此條重出

龔郯字曇伯寧德人祖允昌父必俞俱有行誼郯從朱子一意躬行晚與楊復論辨理氣先後尤有造詣

陳植

陳植字寢立以字行詔安人景肅之孫也幼學於世父淳任入太學調龍溪轉漳州司理淳祐四年進士初植在太學安定郡王趙伯懌妻

以女後封駙馬都尉督嶺南兵馬帝昺航海植以舟師應援馳檄諸蛮圖之後变姓名亡匿山中臨終命塟海濱南望崖山不北面於胡植弟格為宋海舟監簿宋亡從容就死漳人並祀于漸山書院

論曰往予閩鄉長老談閩學之盛也不虛哉四賢倡道海濱已鄒魯稱矣龜山行伊洛之傳晦庵承羅李之緒正學益明時士大夫有不談經講德即樵夫牧豎亦姍笑之予既考其淵源為

傳儒林亦有儒其行不必儒其名者皆可傳也
采其行事著于篇

陳大卞

陳大卞字仲循仙遊人治平進士知江寧縣以廉稱章惇者其舊友也當國屢招以書不往郊恩得封二親遂致仕時年五十六子三人俱有官季子顯仁朝議大夫攝宗正少卿以大卞所著書萬言上之不報

劉棠

劉棠字君美漳平人元祐進士歷諸王教授樞

密編修提舉利州路學事又爲兩浙常平歷官中外皆有善政以朝請郎致仕謝表云繡服過里之榮板輿奉親之便同邑陳偁者與宗俱詞賦擅場宗旣登第偁遂終隱

劉衍

劉衍字成之龍溪人治平二年進士英州推官舉制科指言時政有司不敢取遂歸後知潮陽縣元祐初改知新州以禦寇功加騎都尉秩滿引見與趙抃同論青苗不便安石比之汝輩不

讀書耳趙未及對衍曰三皇五帝所讀何書安石默然衍遂力請致仕

余祖禛

余祖禛字景召莆田人初名祖禹未冠入太學元符三年進士授通判建州以鄉人林孝淵母老邵州地遠請以建易邵從之後自邵移蘭州會地大震山崩城邑陷没祖禛若有神護置之隙地迺掘傷殘活數百人代還主管福建轉運司機宜文字改知南恩州召對陳時弊與秦檜

忤逐乞祠祖與至孝父母喪俱廬墓側捐資倡鄉人成梁于城東白湖港行者便之二子武衡武揚俱仕州縣

蔡瑗

蔡瑗字希蘧龍溪人嘉祐進士朝請大夫歷典五郡徽宗立上封事言寅畏無逸後除提點江淮諸路坑冶瑗以文學政事名世五子同領鄉薦六世孫畫忠奮忠俱進士

黄隱

黄隱字仲光莆田人與從父理同治平四年進士隱知無錫縣元豐中為殿中侍御史非王安石忤旨元祐初守國子司業力排王氏新說取三經板焚之出知泗州歷監司郡守凡七任入元祐黨籍五世孫黼乾道五年進士歷殿中侍御史權刑部侍郎亦入黨籍

吴與

吴與字可權漳浦人元豐五年進士令四會教民陶瓦易編竹遂絶火患調餘干嘗白事憲臺

臺官燕若蒙厲聲若欲效漢令耶與曰固願學之恨不能至耳燕改容謝之遷奉議郎通判湖州故人張天覺柄政或諷一謁與曰生平與天覺語皆忠義反呈身干進乎卒不往歷七任俸餘悉市書積二萬卷

黃中美

黃中美字文昭邵武人父蒙進士卒中美少孤厲學紹聖進士真定司理平鄉知縣忤上官歸人之調鎮西節度推官守武人慢視僚屬中美

當官持正守為娓屈改知濬州治河有功除河北轉運屬官辟真定府錄事歲饑盗起中美燕集鄉辭守不悅移彰德府盗起城陷官吏迎降中美誓死不屈寇退中美行府事加朝請大夫靖康元年還京明年欽宗北轅邦昌僭逆公卿俛首聽命中美感憤不數日卒中美坦易樂施雖負之不悔有求復周在鎮時府丞陳紹夫死中美以俸錢還其喪女兄寡居迎養三十年如一日後以子永存貴贈光祿大夫永存紹興進

士累官正議大夫

方軫

方軫莆田人父通字叔時慎言之孫也通以熙寧明經第歷睦親宅傳士坐子軫詐蔡京諱官軫以父任齋郎大觀元年京復相軫疏列其罪狀千二百餘言京請下御史臺鞫獄具論死詔貸其死編管嶺南靖康元年軫詣登聞鼓院上書始得收敘後為鄞縣令子孫因家焉軫有父從弟适字彥周元符三年以特奏名對策殿庭

乞復元祐皇后下第尋又上書譏切時政永不
敘用崇寧元年詔籍上書人為邪黨适在其列
慎言别有傳

宋藻

宋藻字去華莆田人紹興八年進士邵武軍教
授差福建運幹詣闕上書指陳時政不調久之
歷江南西路運管充湖北招討司機宜賛畫守
禦具有成勞擢知江陰軍勞來安集父老詣闕
上其治狀孝宗即位除提舉江東皆不拜結廬

囊山先塋之側讀書自娛年八十二卒贈太中
大夫

鄭湜

鄭湜字溥之閩縣人乾道進士光宗初為秘書郎
有讜言慶元初為起居郎權直學士院趙汝愚
罷相有持危定傾任忠竭節之語侂冑惡之坐
免紹定初遷大理少卿後為刑部侍郎入偽學
黨籍卒謚文肅

王益祥

王益祥字謙叔閩縣人淳熙甲辰進士及第
第三人歷桂陽建康二學教授修學校增生徒
士風丕變用知郡陳傅良張杓薦擢國子監簿
兼樞密院編修資善堂説書特授監察御史在
臺號敢言出知寧國處州二府先益祥為京朝
官時嚴偽學之禁屢丐祠居外後遷江東都大
提刑又會里人陳自强拜丞相益祥惡其為人
遂引年致仕其恬於榮利風槩如此李宗哀於
王祖有舊恩益祥歲給千斛贍其子孫學士大

夫至今談之

陳舜申

陳舜申字宗謨連江人七歲屬文淳熙進士歷教授知漳浦縣國史院編修著作佐郎輪對直而不訐以忌者丐祠起淮閫參議未上卒舜申立朝有節操其淑後進訓子孫皆可爲世法子德一儒林

陳德須

陳德須字子順連江人淳熙乙科建州户曹累

遷諸軍糧料院夏旱求言德預上封事言致災之由歷諸學博士胡僧入覲禮有異數德豫歷陳好佛之失有旨出胡僧國門外官終大理卿德豫雅好伊洛遺書不以嚴禁自沮

黄碩

黄碩字若冲龍溪人彦臣第二子也大觀三年與弟顒預同進士碩敎授建昌累官朝散大夫年五十奉祠家居卒子淵徽孫茂先朴曾孫用之皆郎官

預

預字幾先汝州教授末上除太學正知桐廬縣有惠政入為監察御史以直言忤蔡京坐貶卒官弟潁

潁

潁字秀實以上舍廷試時彗星見指陳無諱坐抑殿两科歷崇德簿樞密編修中書舍人出提點江州太平觀潁為人温恭廉介有著述

方漸

方漸莆田人政和進士紹興中通判韶州積官朝散郎漸清白無十金之産所至以書自隨稱富文方氏孫其義特奏補官族于阜鳴判泉州真德秀稱其雅操

徐瞻

徐瞻字德望晋江人太學生政和擢第歷理官知海陽縣通判廣州政尚平恕以薦得州同年秦檜疾其不附己十五年不調杜門觴詠恬如也

章綡

章綡浦城人楶之子也第進士歷陝西運判入
為户部郎綡女兄適劉逵逵在中書漸復元祐
政綡所贊也蔡京疾不附已族言者攻之出綡
湖州尋與祠及京復相遂興制獄一門俱流竄
張商英相得釋後為龍圖直學士

林谷

林谷字聲之其先閩縣人徙于泉淳熙進士知
上虞縣通判嚴州應薦赴闕以不輸金為壽柄

國者終潮州通判歸谷善聽訟臨事無私繫而已非有鈎致術也子顗知寧化縣

林枅

林枅字子方莆田人父孝澤宣和進士提舉廣東市舶有操持歷轉運判官知漳州遷廣東提刑力辭以直秘閣奉祠卒年八十餘枅紹興進士遷校書郎出知信州江西轉運判官發漕錢三萬六千緡助諸縣歲計瘞殍章疫死者除直秘閣福建運判蠲諸縣稅兼領泉州光宗即位

召為吏部郎中除江東轉運副使知慶元府移福州所在吏畏民懷為世稱重

林宗卿

林宗卿字朝彥莆田人崇寧進士試秘書省正字出知恭州疏論開邊數千言詔罷其役命兼夔潼兵馬奏蠲夔門充燕山軍需十萬緡恭民德之秩滿薦留再任所蠲逋負不可勝計請康中張浚撫陝辟參謀不赴充湖南帥司參議浚視師江上復首薦之力丐祠去終朝請大夫弟

宋臣宋璥皆宋卿教導同時登第

何昌世

何昌世字正卿崇安人南渡時台州司理時金勢猖獗官吏多逃昌世獨居守迎駕入城高宗莭御衣尺許書數語賜之除大理寺丞終司農少卿

祖世英

祖世英字頴仲浦城人教授衡州用胡瑗教法歷知南昌縣通判融州知容州世英積官二千

石宅無一區產無十金時稱清白吏

章孝參

章孝參字魯士古田人淳祐中以舍選登第教授德慶府孝參文行為時所重洪天錫稱其大雅君子嘗語人規行矩步玉質金聲章君是也

論曰宋多姑息之政其敝也主威弛國是搖士大夫欵言肆行以惑聽明朝廷亦莫能决其臧否豈非言有枝葉之過歟陳仲循劉君美諸人質誠狷介擇地而蹈可謂慥慥之君

子不但鄉園典刑求之當時亦不易得云

張良裔

張良裔字景先寧化人父達觀政和進士知建寧縣宣和間三經義行良裔獨宗程氏屢黜不變紹興間學禁解登第調龍川簿未赴郡守黄思永運使黄積厚奏辟武平丞便養武平盜起單騎造壘諭之賊感泣而散有挾貴攘功者終不自言秦檜與其父同年或勸一謁裔言附麗媒進先人所羞假先人以自售權門何以見之

地下卒官衡山丞

王炳

王炳字景文南安人紹聖進士娶呂惠卿從女絕不與通十年不調後為沭陽令秩滿入京蔡京當國不往見謫丞海陵歷官知汀州奉祠卒炳孫伉為肇慶糾曹能雪冤獄數百人伉子顕世自有傳

黃琮

黃琮字子方莆田人元符進士長溪尉丁父憂

峻辭會賻錢徒步護喪歸知閩清縣攝侯官有
余太宰香火寺倚勢逋上供移增諸刹賝不可
時謂清廉無比執拗有餘通判漳州未幾致仕
時年五十二給舍傳崧卿薦于朝乞起用不報
母喪哀毀甘露降于繐幃歷官三十年無一卒
之田處之泰然年八十卒于家

儲惇叙

儲惇叙字彦倫晋江人崇寧進士龍溪丞寧德
令皆有惠政奉祠十年通判賀州秩滿復請祠

歷仕三十餘年屋不增一椽田不餘一畝

林彥質

林彥質字彬叔漳浦人崇寧進士歷官州縣俱以廉允稱二蔡用事挺然不阿遂寢除命後歷兩浙廣石舶使秩滿歸鄉里幅巾野服若將終身所居去城百里捐資募植松栢以庇行者人至今頌之

方畧

方畧字作謀莆田人大觀中提舉廣東常平宣

和初以議燕雲忤王黼坐貶後知潮州建炎中秩滿乞祠歸年四十八雅喜積書有萬卷樓弟昀以兄任紹興中知長溪廉謹著聲調通判潮州未上卒

李頴士

李頴士字茂特浦城人政和進士知餘姚縣紹興間除大理丞歷刑部郎坐趙鼎黨謫監稅慈利後除江西帥司參議

陳最

陳最字季常福安人宣和進士新昌丞召對稱旨授粮料院佐鄭剛中與金分畫地界金使賀景仁之子也有遠言最面折之世受國恩何至乃爾賀媿從之時秦檜主和議最數與忤出知興國軍

練幹譽

練幹譽字克家建安人崇寧進士令考城時督辦軍賦甚急幹譽堅以民力匱竭為請初與王黼善及當國未嘗一謁遂奉祠子棨通直郎以

廉名

楊惇禮

楊惇禮字穆仲福寧人崇寧進士興國軍司法改陝彭泉宿四州教授歷太學慱士出判秀州建炎初以司勲員外郎召明年召爲監察御史俱不赴以朝請郎致仕人言惇禮三癡有田不買有官不做有子不蔭後以子縝贈朝散大夫

黄艾

黄艾字伯著莆田人乾道進士第二歷清要淳

熙末以秘書丞充嘉王贊讀尋補外嘉王踐阼歷權工部侍郎兼侍講朱熹罷講官艾請留再三官終待制刑部侍郎

鄧柞

鄧柞字成林南平人建炎進士簽判建昌軍金人入冦傳檄諭降柞毅然謂當殺使者而焚其書郡守欲執以畀金柞不為動棄官歸李綱宣撫湖廣辟為幕屬後判靜江移泉州用薦擢廣西運判遷知泉州除直秘閣廣東經畧復知隆興

府江西安撫所至有治效尋引疾請祠卒

祖茂實

祖茂實字去華浦城人弱冠釋褐第一除國子博士靖康之難北虜酋索米太學幾斃斂擊高宗立拜禮部郎中遷左司改中書舍人贊張浚恢復時議和求外補除直龍圖福建轉運移廣東提刑後知衢州召為禮部侍郎不赴

蘇欽

蘇欽字伯臣德化人與侍郎煒同祖宣和進士

惠州錄參直寃盜數輩守欲劾其縱賊欽無所懾丁外艱廬墓六年調閩縣令郡責逋負盡徵欽以去就爭之改江西帥屬平寇論功居首擢守巴州除利州路轉運使吳璘駐興化厚贈之一無所受尋卒

陳吉老

陳吉老字子州侯官人徙仙遊祖浩父無逸俱進士吉老以父任補官丞清流贛寇萬餘掠郡境吉老大破之後以胡保鍾花之寇長子楊州

椽布造侍父臨汀先登死焉吉老悉衆殲賊陞本州別駕召除京東提刑恢復四州尋除揚州安撫使捐俸助脩州城遣仲子希錫取私租千緡市汀布爲軍裝秦檜主和議吉老爭辯不已未幾卒贈中散大夫希造贈奉直大夫

梁巖老

梁巖老初名汝霖永福人政和進士靖康初金人犯闕巖老守城有勞明年金人欲臣之不屈囚僧舍中每飯必留其餘久之挾乾糗蒲伏全

節而歸除直秘閣知泉州尋卒

陳一新

陳一新字又之永春人紹熙進士教授汀州慶元四年同考漕試以谷永劉賁為問目同列請易之不可後遷國子博士論權倖出通判婺州知邵武軍以廉平稱卒于官初漕司索考官不習偽學狀一新寧不司考不如所書其守如此

柯宗英

柯宗英字子飛晋江人紹興進士教授四明除

國子正遷監簿乞外知梅州扁郡齋曰景程程
明皎其郡隱者也以德行聞祀于學宫宋英任
滿獄無繫囚比德于程云得代屢奉祠掛冠納
禄州縣稀識其面卒年八十有六

陳研

陳研字叔幾晋江人乾道進士官臨汀上疏請
弛塩禁權貴欲以為御史擊故相研寧不入臺
公議不可犯提刑湖南時永富人毆死其家人
官吏利其賄反坐告者研平反之徙計度轉運

使奏免屬州鐵纜折直遷起居郎卒

諸葛廷瑞

諸葛廷瑞字麟之南安人紹興進士以國學攝郎官登對五事稱旨歷工部郎起居舍人使金弔祭館伴請易其衣帶詰難數四露刃脅之廷瑞厲聲臣子之心有死無二金不能奪還兼吏部侍郎遷起居郎兼中舍引嫌改兵部侍郎尋卒贈太子少保子直清

直清

直清字子嚴任知海陽縣通判廣州在海陽修堤捍田人甚便之終奉直大夫

黄維之

黄維之初名偉南安人也紹興進士太學録遷監簿屢進讜言除大理丞時少卿奏獄空維之以非事實不署名乞外知邵武軍歷官江西提學維之爲小官耻於求舉秉廉節所薦引多寒士挾貴求舉者勿聽居閑十年手不釋卷年七十九無疾而卒子以寧國子錄嘗爲淮漕幹官

賑饑有方以簡以大並歷州縣猶子以翼儒林

傅淇

傅淇字元瞻仙遊人佇之子也紹興進士潮陽尉獲盜不希賞以龔茂良薦知平陽縣虞允文奏除諸司粮料院孝宗聞其名除監察御史時優武臣倖進者多以文階易武淇疏論之遷太府少卿除中書門下檢正公事使金賀生辰未行除宗正少卿久之丐外除浙東提刑移浙西政平訟理上嘉之除直龍圖閣知寧國洪以母

老求便養改知泉州光宗即位起廣西提刑知溫州卒從子誠

誠

誠字叔汶嘗師朱子淳熙進士永春尉力辨陳介珪冤納告憲臺求去冤卒得直侍郎黃艾使北奏辟為屬遷太常博士輙與真德秀相過談竟日寧宗朝輪對頗鯁切暴卒殿下人盡惜之

方大琮

方大琮字德潤莆田人開禧初省試第三教授

敘州改知將樂縣累遷太府丞除右正言首疏霅川之事遷起居舍人言尤鯁切兼實錄檢討乞還魏了翁以重朝廷侍御史蔣峴惡之劾王邁劉克莊并大琮罷之淳祐元年起集英殿修撰知廣州廣東經略四年加寶章閣待制六年進直學士知郡經略如故在廣五年百度具舉以所兼俸贍三學及軍士衣糧調知隆興府命下卒贈寶謨學士謚忠惠大琮外溫內剛平居言不出口至立朝爭是非雖賁育不能奪

詹師文

詹師文字叔簡崇安人婺源尉不上捕盜功希賁調江西憲司討法官治獄不寃授西外宗教歸時與真德秀遊士林重之

顏師魯

顏師魯字幾聖龍溪人紹興進士與化番禺二縣簿懷安丞寧德知縣以治行薦除粮料院簽判威武軍召為官告院遷國子丞除江東提舉時天雨土日無光請言災異師魯陛辭極論之

改浙江嘗平除直秘閣淳熙七年召為監察御史太府丞葛郯引對師魯言臣不才羞與郯為伍儀與郯外祠在臺三年請外不許除太府少卿中丞黄洽舉師魯自代十年兼刑部郎官薦為祭酒權礼部侍郎三入成均學政盡舉十四年太上皇崩差充彌留礼告使至北界與金抗辯不屈還試吏部侍郎未幾兼吏部尚書引年謝事不允除吏部尚書兼侍讀光宗即位條陳正始之說上嘉納之求去益力除直龍圖閣知

泉州至泉力行善政不事褫𧝋會臣僚請行經界法師魯條二利三害監司乃止進煥章閣學士提舉萬壽宫泉郡去思不已復差累章求免未奉俞旨卒年七十有五贈宣奉大夫謚定肅子衡孫𤇆仲倶蔭補官仲子徹用茂才薦官奉議郎以諸子累贈光祿大夫

孫昭先

孫昭先字延父龍溪人興化簿政知安溪凡差役必親稽户籍爲後先興學養士邑人德之

嘉泰初用薦幹辦行在諸司審計除司農簿遷寺丞出知衢州歲飢蠲賦發廪所活甚衆召對除吏部郎復除浙東提刑縱釋平民被誣爲盜者十餘人行部供億自齎辦無取於民嘉定中復召爲吏部郎入對四事甚切直除樞密檢校文字歲旱復陳四病歷右司郎中太府少卿再除直寶謨閣江東提刑予祠累乞致仕卒年八十子叔謹别有傳

鄭公顯

鄭公顗字隱之龍溪人乾道二年進士建州司戸秩滿獻時事十論歷潮州教授同安知縣召監進奏院遷宗正簿應詔陳言除太府丞進權刑部郎兼權直學士院歷淛西湖南倉使再入為侍郎兼左司郎中尋與祠去公顗學有淵源廟堂表制多出其手三子皆以任補官

曾植

曾植字子立晋江人上舍釋褐累官司農丞言事稱旨命為大理丞出知南劍州陛辭陳三事

以漢恭顯唐訓注爲戒改知湖州未上卒

翁甫

翁甫字景山崇安人易之子也寶慶進士知西安縣召監登聞檢院除資善堂直講疏罷提點中官對拜之礼兼太常博士遷秘書丞兼礼部郎中爲陳垓所論出知汀州歷太府少卿兼知臨安府尋兼太常少卿直舍人院國史編修實録檢討極論集慶太乙之役不報出爲江西轉運使兼郡改知泉州未上卒

林興宗

林興宗莆田人父叢乾道進士知橫州興宗用蔭補官歷泉州節度推官淮安令叛寇李全妻楊氏俘南官以去興宗流落膠西青社十餘年採拾自給或賣卜教小童淳祐中淮閫趙葵物色得之興宗屢以帛書報金機事歲庚子自歸葵驗其縣印告身如故奏擢之改通判廬州歷知南恩州擢知韶州疾卒興宗豪爽尤精經學

論曰宋南渡変故最多權邪内蝕強寇外訌士生其時非幸矣閩多君子或安小官不謁權門或甘長貧何羨富室或昌言于貴執之庭或完節於寇盗之衝砥志勵行不以時為詘伸疾風勁草豈諸賢謂耶予故悉列之

林廸

林廸字吉夫莆田人紹聖進士福州司理言古田刼盜五人荒年竊粟無死法縣文致其罪矣帥疑之廸持愈堅遂末減改知龍溪縣蔡京當國林出也屢欲結廸廸以非同族拒之遂請祠歸建炎中舉遺逸不赴年七十六卒廸操履端方仕不躐進鄉人重之

周因

周因字興道浦城人紹聖進士閩縣簿尉氏丞通判華州忤童貫改洮州累官京西轉運使言有邊事邊臣之福無邊事朝廷之福時事燕雲故語及之建炎間除直徽猷閣知桂州官至中大夫

王晞亮

王晞亮字季明莆田人從兄晞韓宣和進士紹興間大理少卿和方廷實詩有未肯西風回馬首要將傳檄過陰山之句秦檜嫉之坐貶晞亮

紹興初釋褐為太學錄與檜同官檜當國嫉晞

亮不附己貴授福建撫幹有平寇功不叙後差

通判台州筮仕十九年方改一秩檜死以國子

愽士召尋除吏部員外拜給事中後知漳州秘

閣修撰致仕

黄公度

黄公度字師憲莆田人紹興八年肴元賜進士

第一平海軍節度判官兼南外宗簿有流民數

百自汀虔下為守將所擊公度辨釋之除秘書

省正字貽書臺諫譏切時政秦檜當國唉言者以趙鼎黨論之奉祠去後通判肇慶府攝南恩守興學造士南恩自唐貞觀置郡至是始登第檜死召為考功員外郎兼金部卒贈正奉大夫

石起宗

石起宗字似之晉江人乾道進士第二勅局刪定官召試館職除秘書省正字歷權倉部郎官屢進讜言添差通判漳州弛塩禁令民輸米自操斛槩州人像祀之知徽州提舉浙西常平入為吏

部員外郎引對言大臣當秉至公以破群臣狥私媮惰之習奏取先朝圖鑒置座右從之尋卒起宗字法兼數躰倖餘悉市書藏之

鄧驛

鄧驛字千里沙縣人淳熙進士歷秘書省正字遷校書郎充嘉王直講拜右正言遂爲左司諫亮直敢言不避權倖慶元初自起居舍人拜中書舍人朱熹以忤韓侂胄罷講筵驛面奏乞留不許李沐除正言驛行詞寓規戒沐啣之吕祖

僉楊宏中直言貶竄驛皆封還詞頭未幾以集英修撰知泉州奉祠

楊士谿

楊士谿字伯達晋江人紹熙四年進士知長溪縣以簡靖稱晚知連州未上卒士谿嘗丞寧德為令所忌及令劾去民遮道戟罵留其裝士谿衛之出境長溪尉少年輙捶縣吏既復謝過士谿曰長溪尉治長溪吏何謝其寬恕如此

吴叔告

吳叔告字君謀莆田人端平二年進士第一累
遷秘書郎言事切時政四年權都官以親老補
外知撫州乃祠不允尋除刑部郎歷知嚴州自
臨川罷歸與祠者再予郡者皆不果行景定二
年召為右郎四年除大理少卿乃外除直寶章
閣提舉浙西常平是冬召對復請老歸裝蕭然
明年卒

傅伯成

傅伯成字景初其先濟源人也祖察蚤登進士

蔡僉欲妻以女拒而不答歷遷吏部員外郎宣和七年接伴金使時金人敗盟入寇密至韓城金擁之北去遇斡離不兵至抗辯不拜死之年三十七贈徽猷待制還其櫬妻趙氏携二子自得自修奉櫬塟泉州太平嶺因家焉自得以父死事補官乾道間曾覿欲招致之竟不往見自修再監泉州舶務有廉名累官直寶文閣漕江西伯成自得季子少師朱熹與兄伯壽同隆興元年進士知連江縣慶元初為太府寺丞言呂

祖儉不當竄朱熹不當目以僞學出知漳州律已爰民推熹意行之遷工部侍郎權臣初議開邊納降之非中丞鄧友龍劾罷之嘉定初召為户部郎左諫議大夫在職四浹辰抗十三疏皆車國大事史彌遠諷使彈劾大忤其意左遷權吏部侍郎以集英殿修撰知建昌軍進寶謨閣待制知鎮江府數請老除宝謨直學士通政大夫致仕寶慶初加寶文直學士奉祠評事胡夢昱直諫貶抗疏言之不報引年加龍圖閣學士

奉祠懇辭伯成稱人善不啻已出語及奸邪詞色俱厲卒年八十有四贈開府儀同三司謚忠簡子壅康

壅字仲珍慶元進士知崇安縣遷大理丞歷知南劍漳撫三州皆有去思

康字孚用任知古田縣召為司農丞知汀州徙南劍復知袁州直徽猷閣致仕與兄俱稱良吏

楊炳

楊炳字若晦晉江人淳熙進士國子祿召試三

館累遷左司諫論治贓吏當自大吏始嘗言大
臣不爲私則小臣不敢干以私臺諫不爲私然
後可責人以私累遷權吏部尚書時聞邉與鄧
友龍異議丐外開禧三年除寶謨閣直學士奉
祠卒年八十一炳介行爲文渾厚簡古子寅翁
寅翁嘉定進士以親老奉祠十年後應宏詞高
等授宜黄令同邑林彬登領鄉薦亦以母老不
行真德秀稱温陵二子

楊楙

楊楙晉江人父宏材紹興進士尉龍溪不希賞格累官朝奉大夫奉祠楙乾道進士知永福縣休澣輙乘小車循阡陌訪民疾苦入榷貨務卒初宏材官四十年殖産錢僅八千以先廬遜其弟楙復以奩田遜于弟陔鄉人義之

莊夏

莊夏字子禮永春人淳熙進士知寧國縣慶元六年大旱應詔上封事言抑戚里内侍為抑陰助陽之術召為太常博士開禧二年改國子博

士首陳邉釁不可妄開嘉定初以著作郎提舉江東常平歲饑賑之流民多活除轉運判官入為尚書郎遷軍器太府少卿出知漳州尋以宗正少卿兼國史東宮官直學士院兼太子侍讀試中書舍人兼庶子諭德論奏明切封還尤多除兵部侍郎時宰諱邊事夏所言忤柄國意累疏乞休以寶謨閣待制奉祠進煥章閣待制卒贈少師夏好薦士若洪咨夔輩寧宗賜第府城蓬萊山自永春徙居之既卒親題像贊眷遇如此

陳模

陳模字中行晋江人樸之第也慶元進士國子正開禧初開邊模試館職言王忺首謀之戮不定贖僅尸百萬之寃參政李壁為嘉歎除秘書正字校書郎通判鎮江府知梅州多惠政政汀州辛子晋接紹定壬辰進士第二國子司業宗正卿

卓先

卓先字進之莆田人少師林光朝年十五以特

科儔龍溪歲疫施藥多所全活建寧軍節度推官歲饑府禁米舟出境先言諸邑皆建民守史彌堅雅重之後卒于家先廉靖言論據古誼寡合於人

林師說

林師說字箕仲莆田人弱冠舉進士嚴州司士攝理官悍卒帖服改知德化縣道經桐廬會盜起民遮道乞留因授建德賊平移倅新定全犯二浙新定民大恐師說自擁數騎出城遇金諜

諭降執而斬之民乃嬰城死守歷知建昌軍廣東運判浙東提刑以忤權貴請祠家居九年卒

林光朝嘗言林郎中出語如富鄭公無他表裏其爲先正推許如此

姚宗之

姚宗之字元仲仙遊人紹興進士吉州司戶用薦權吏部郎中進將作少監輪對三事上稱善張栻稱其有古争臣風以親老乞外提舉福建常平江西提刑尋卒宗之剛方廉直嘗與時宰

書言諂諛弊風取怒於大臣

朱泳

朱泳字子游仙遊人乾道進士連江尉改知建陽縣前令以月解虧減留於州泳出私橐代償之尋除福建運管董漕試當路以其子囑泳正色不答卒于官士論惜之

吴居仁

吴居仁字温父浦城人父麐知侯官縣居仁以特科歷古田尉攸縣丞融州節度推官所至以

儒術飭吏治聽訟必以人倫古誼部使下其法于州縣式居官廉介殁無以爲殮朱子稱真廉吏

許巽

許巽字少陽莆田人乾道五年進士知歸善縣尉誣民爲盗巽覆覈非實與守抗辨釋之累遷秘書郎知滁州時監司及鄰郡皆有互送巽盡入公帑胥史畏服或有所餽亦不敢受秘書知之措身何所改知漳州召赴行在卒官終朝散

大夫人號為耐貧翁

王邁

王邁字實之莆田人嘉定進士為潭州觀察推官調浙西帥幹考廷試詳定官王元春欲親邁頤擿其謬元春㗋諫官李知孝劾之調南外睦宗院教授守福州真德秀知舉邁為初考多咨之召試學士院極論楮幣本末且及時政闕失喬行簡再相或傳史嵩之復用邁上封事極言其奸改通判漳州又因禋祀審雨應詔陳言臺

官李大同劾邁結真德秀魏了翁洪咨夔以妝
虛譽削一秩免之蔣峴又劾前疏妄論坐削二
秩久之復通判贛州福州建康府信州皆不行
淳祐初起通判吉州知邵武軍元旱求言驛奏
七事以撤龍翔宮立濟王後先之諫官焦炳論
罷予祠卒贈司農少卿

唐璘

唐璘字伯玉古田人嘉定進士瑞州教授用白
鹿洞教法士翕然向方擢監察御史璘以母在

不欲為諫官其母甚賢勅璘使盡言吾有而兄在乃就職疏言天變而至於怒民怨而至於離陛下乃文過餝非遠賢親佞自取覆亡切直皆此類後為廣州安撫使太常少卿璘歷中外皆有政績在臺三月彈擊不避人擬唐子方云

余崇龜

余崇龜字景賢莆田人與兄元一同進士歷官司農丞秘書丞兼權工部郎官侂胄秉政蘇師旦邀崇龜一見處以要職崇龜耻之丐外知州

歲旱舉家蔬食為民禱雨果應累遷樞密院檢詳文字侂胄敗即日除監察御史極言政歸權門之弊嘉定初金議和要求侂胄首廷臣多從之崇龜以函首與金辱國甚矣遂不豫議尋除兵部侍郎兼權給事中卒年六十一

趙汝騰

趙汝騰字茂實宋宗室也居古田寶慶進士累官秘書郎遷礼部尚書兼給事中言奸諛之臣傷善害賢而重損聖德興利之臣自遂溪壑而

深戕國脉為翰林學士辭歸召為端明殿學士兼翰林學士承旨知泉州兼南外宗正朝廷賚賜田宅旌其廉卒謚忠靖

徐鳳

徐鳳字子儀浦城人舉進士漳浦主簿召對論事箴時政闕失寧宗理宗朝出入翰苑屢進嘉猷終秘書少監直學士

陳景魏

陳景魏永春人以郊恩補鉛山簿改監贛州會

昌倉有擒賊功辟新會丞嘉定中知潮陽縣歲輸丁銀有加耗積為民病守督責甚急景魏寧得罪不以阿奉貽害無窮累官知惠州約已賑饑擢知潮州以言者奉祠起知英德府開慶已未卒年七十七積官朝散大夫洪天錫稱其少不倨老不惰病不昏化不怛信善人云

劉叔智

劉叔智晉江人咸淳進士金華尉府帥年茂氣盛吏莫敢何否叔智據法理引爭無所回撓江

萬里薦之以官告院召對議論鯁直取忌於時言者攻萬里叔智致仕歸

李丑父

李丑父字良翁莆田人端平二年進士邵武司户通判福州以忤丁大全奉祠遷著作郎權禮部郎官踰月班對兩疏皆切時弊請外提舉湖南常平方擬疏論二守爲臺劾畀祠歸卒丑父所得祿賜僅自給而銖積其餘爲義廩與弟姪共之

論曰：予自有識知，每羨汲長孺、魏鄭公之為人也。士大夫釋褐登朝，所務砥礪名撿，匡濟時艱，希世取容，婦寺奚殊哉！宋室中微，權倖用事，布列中外，能為有無，亦不乏賢，予故表著之。

呂諒卿

宣教郎呂諒卿者惠卿之弟也元符中為溫州軍推官上書詆紹述崇寧初以邪等入黨籍亳州編管徽宗書姦黨碑賜惠卿自効詔録元符章疏示之紹興二年贈諒卿宣教郎官其子孫

陳朝老

陳朝老字廷臣政和人元符末為太學生論事剴切大觀三年以何執中為左僕射朝老復上

書即位以來凡五命相若韓忠彦之柔懦曾布之貪汚趙挺之之庸愚蔡京之跋扈執中復相猶以蚤負山也宣和末復與陳東等上書論蔡京童貫王黼梁師成李邦彦朱勔為六賊編管道州建炎初宥歸晉江有王寘者亦太學生也與朝老同上書坐謫十餘年宣和初以特奏補官也

高登

高登字彦先章甫人宣和間為太學生上書乞

斬六賊復興陳東詣闕言金人不可和李綱不可棄又劾李邦彥吳敏張邦昌朋比為姦章五上不報遂歸紹興二年力陳時弊考官寘下第有旨附第五甲授富川簿攝賀州獄有囚殺人守欲奏免登持不可竟論死命兼州學事秩滿歸餞餽一無所受會新興大飢以便宜賑活萬計邑民奏畱終任召赴政事堂審察遂疏萬言及六議秦檜惡其異已授古田令有豪民秦琥者登寘之法尋死郡人稱快帥胡舜陟以登不

附秦檜又摭秦琥事誣奏之檜大怒有旨送靜江府獄會登毋死殯水次間從海道詣闕上書求納官贖罪歸葬上惻之檜不可號泣歸葬其毋以身自詣會舜陟生事死事白得還廣漕辟攝歸善令考潮州秋試命題發策皆切時事守李廣文附秦檜者馳白之檜益怒特旨編管宗州授徒講學畦蔬種竹為終然計尋卒貶所登行誼甚高不能悉紀朱熹守漳為作祠堂記

陳剛中

陳剛中字彥柔閩清人祥道從子也建炎進士紹興初以迪功郎上書請罷冗食去虛文遷太府丞應詔上封事主議恢復忤秦檜後胡銓上封事竄韶州剛中作啓事賀之屈膝請和知廟堂禦侮之無策張膽論事喜樞庭經遠之有人又曰知無不言願借上方之劍不遇故去聊乘下澤之車檜深憾之遂與張九成七人同謫剛中知安遠縣適有嶺寇殫心招撫染瘴而卒藁瘞於杭同時有三山寓公張仲宗者亦以餞銓

詞獲罪

論曰諸君子厲節操有始終予覽其行事蓋三致意焉廬陵羅大經言剛中貶時有王廷珪者吉人也以詩送胡銓云癡兒不了公家事男子要為天下奇坐貶辰陽孝宗立召赴闕除直秘閣一子扶掖上殿亦予官廷珪踰九十考終于家剛中死安遠無子妻削髮為尼士君子所遇幸不幸何霄壤耶寺丞南行時吉州江濱有石材廟壹以夢覺隆祐太后避冦大著靈應剛中題

其柱巋爵新剛應論功舊石材能形文毋夢還

訝倭人來海市為誰出衡雲豈自開乞炅如見

告逐客幾時回卒不如顧悲夫悲夫

陳葵

陳葵字伯嚮閩縣人崇寧初試上舍優等蔡京

籍元符上書十八人葵其一也謫居衡州後授

樂清尉再調又以陳瓘門人為京黨劾罷高宗

即位授將作監丞召對除諸王教授又以趙鼎

黨罷歸葵有志操屢躓不改時論尚之

翁熙載

翁熙載名績，以字行，福清人。宣和、永詣闕上書乞斬趙良嗣、董才二人，不報。熙載南歸，不求仕進。熙河帥劉平仲戰歿，蔡京秘之，人莫敢言，熙載作詩哭之，人莫不駭服。

陳璟

陳璟，字景玉，連江人。太學生。紹興間金人敗盟，張浚罷，督群奸附和議。璟與同舍生張觀等詣闕上書，乞斬湯思退、王之望、尹穡以正典刑，三

人尋罷璟表奇傑執弟子禮百餘人如陳櫰卿林士瞻皆名流也後覃思授璟貴州文學觀福安人乾道己丑進士終新城令

鄭鑑

鄭鑑字自明連江人乾道閒以太學生叩閽言鞠毬事淳熙初除太學正召試館職指斥權倖除校書郎遷著作權郎官引對直言時政宰相惡之屢疏乞外知台州卒朱子稱鑑有古爭臣風在近代頡頏鄒陳而無怍云

雷觀

雷觀寧化人靖康間在太學上書言乃國家安危在一相白時中罷時論稱快翌日宣麻乃代以張邦昌士民大失望陳漢龜言三辰不軌擢士為相四夷不賓援卒為將此何等時而相以匪人也耶

詹公薦

詹公薦字文舉崇安人靖康末金人犯闕張邦昌僭逆款宦之公薦逃匿間道詣行在所奏金

事甚詳上喜之曰卿忠臣也權太常丞遷祠部郎中請外除廣東提刑

葉廷珪

葉廷珪字嗣忠甌寧人政和進士知德興縣張邦昌僞詔至不拜建炎中知福清縣召為太常丞補中秘府輪對忤秦檜出知泉章二州廷珪篤學雅正名重當時葉顒陳俊卿黃祖舜皆出其門

林震

林震莆田人父煥之朝奉郎震累官左正言權給事中遷太常少卿知鎮江府時蔡卞妻王氏請地建御書閣震以卞妻奪民田并取其禾令償所直王氏上其事移守汝州召為起居郎遷秘書少監卒震攻京卞多論列從弟霆

霆父澤之沖之弟也霆年少登第余深許將欲妻以女兩辭之調烏江丞奪豪貴所侵故河為田復導之溉田數千頃靖康初從父沖之使金震三上書請代不報紹興中刪定勅令所力詆

和議與秦檜忤轉運判衢州遷州請老歸霆愽
學深象數與鄭樵為金石交林光朝師事之

潘廷堅

潘廷堅名牥以字行閩縣人端平進士第三時廷對者數百人廷堅指斥權貴及濟邸事語最切直調鎮南軍節度推官侍御史蔣峴劾方大琮劉克莊王邁前倡異論併誣廷堅姓同逆賊策語不順請論漢法上不許遷通判漳州日食應詔上封事復言熙寧日食詔掩骼著為令故

王一抔淺土其暴骸大失丞相游似心善其言歎用之枋尋卒枋廷試策傳京師爭貴皆曰子詔龜齡輩人也

方信孺

方信孺字孚若莆田人崧卿子也用任補番禺尉韓侂胄開邊朝廷悔禍金亦厭兵信孺以蕭山丞召假朝奉郎充樞府參謀持督帥張岩書通問金元帥府至濠州金帥拘信孺獄中露刃環守絕其薪水要以五事信孺曰反俘歸幣可

縛送首謀於古無之稱藩割地非臣子所忍言帥怒若不望生還耶信孺曰吾將命出國門已寘死生度外矣至汴見丞相都元帥完顔宗浩出就傳舍宗浩使將命堅持前説信孺請面見丞相決之宗浩坐幄中陳兵見之云五事不從兵南下矣信孺辨對不少屈帥見信孺忠懇乃曰割地之議姑寢稱藩不從當以叔為伯歲幣外别犒師可也信孺固執不許宗浩計窮遂寄與定約再使至汴宗浩又變前説怒信孺不曲

折建白遷以誓書來有誅戮禁錮語信孺不為
動吾有隕首而已後得還見侂胄言虜帥欲五
事割兩淮增歲幣犒軍索歸正人其五不敢言
侂胄再三詰問信孺徐曰欲得太師頭耳侂胄
大怒奪三秩臨江軍居住後命知韶州移道州
廣東提刑運判官遂踐其父職改知真州櫃水
築堤人莫知其所以後金人薄儀真守將藉以
郤敵坐言兵事降三秩再奉祠稍復元官信孺
三使金以口舌折强敵居官所至皆奉其職性

豪侈揮金如土既齟齬歸營室岩竇自效於詩酒

楊宏中

楊宏中字元甫侯官人慶元間爲太學生侂胄當國罷趙汝愚祭酒李祥博士楊簡連疏爭之俱被斥宏中與同舍林仲麟徐範張道等上言君子處心在愛君憂國小人得志仇視正人必欲空其儔類黨錮敝漢朋黨亂唐言之可爲於邑乞還祥簡以收士心侂胄大怒送太平州編

曾天下號為六君子宏中後登開禧進士教授南劍州侂胄誅遷一秩不拜累遷太學因旱上封事指陳無隱時論益重之官終知武岡軍也

徐範

徐範字彝父候官人上書時夜傳侂胄欲寘言者重辟有士請削其名範慨然業已書尚何變書奏範竄臨海後登嘉定進士累遷國子監簿入對所論列極剴切以朝奉大夫致仕卒贈朝

請大夫集英殿修撰

林仲麟

林仲麟字景沖寧德人編管毘陵後以特奏名官廣東都府參軍辛弟仲虎別有傳

張道

張道字周甫羅源人後授泰和令

敖陶孫

敖陶孫字器之福清人鄉薦入太學韓侂胄用事朱子被貶陶孫首以詩送之趙汝愚貶死陶

孫衰以文又賦詩揭之通衢佹胄大怒刊章追捕陶孫變姓名從服去之後登慶元進士終溫陵僉判

黄唐

黄唐字雍甫閩清人淳熙四年太學兩優釋褐第一授太學錄寧宗朝為考功郎中韓佹胄為父諴請謚下考功覆議唐不為屈遂棄官歸其風槩如此

張彊

張疆字廷夔古田人入太學史嵩之擅權疆叩闕上書力詆之嵩之欲寘疆死地理宗優容之得免嵩之罷疆釋褐登第累遷國子書庫復率教官丁應奎等疏論丁大全誤國并言遷都之非時以風節稱

張宏圖

張宏圖字巨濟福清人精星曆嘗上所著禮書大槩論祀天位次之宜後言慈懿太后攢陵在湖曲西湖燕遊豈履霜露之義寧宗感悟沉御

舟于水于官一秩旌之

孫翼鳳

孫翼鳳字昭瑞寧德人鄉薦入太學時史嵩之謀起復翼鳳與同舍生黃愷伯等疏其非言甚切直紹定壬辰與兄附鳳同舉進士累官御史大夫簽書樞密院時政多所裨益卒贈太師中奉大夫附鳳見前鑒

論曰婺不恤緯而憂宗周之闕言志士忠臣不以下位有間也宋季不綱奸臣柄政强寇外訌

大夫莫肯念乱諸賢在下位嫠恤與懷顧欲以
口舌爭之時所指目為狂為愚無益於事者之
雖然其自為謀則過矣忠義之氣國是植而不
墜有裨於世道豈尠少哉

謝翱

謝翱字臯羽福安人父鑰有隱德爲婦翁正字繆烈所重翱蚤事科舉學治春秋咸淳初試進士不中作宋祖鐃吹曲騎吹曲上太常樂工肄習之至今傳其詞爲人倜儻有氣節嘗思捐軀狥國難杖策叅文丞相天祥軍事宋社屋家室散亡購得一子肄戎籍繇役繁興不堪追辱迺徙延平居建之浦城落魄漳泉間後遊嚴陵娶

杭人女劉氏婺台杭處接壤往來其間因與鄧牧方鳳輩為方外友會所曰汝社期其晚而信也復如唐衢過姑蘇夫差臺慟哭終首過勾越探禹穴又北嚮哭晚登子陵西臺奠以牲醪月竹如意擊石悲歌作招魂之詞魂來兮何極魂去兮江水黑化為朱鳥兮其咮焉食歌闋竹石俱碎放聲大哭嗟乎皐羽何悲之甚也夫鳥獸喪群匹越月踰時過其故處翔迴焉鳴號焉躑躅焉踟蹰焉乃能去之若翱者憂時懷故彷徨

草澤間感念深矣斯可為不知者道耶翱居桐廬其地富薪若炭嘗以秋暮載至杭易米為食稍裕遂不復載吳越士翕然從之遊所為詩歌自三百篇而下卓卓乎入唐人門徑尤善敘事有良史材作南史帝紀二十贊采獨行及秦楚之際月表所歷山川名勝輒效柳柳州遊記嘗過燕齊趙代間書其遺事故蹟寓目環海樓神三山庶幾子長之風惜其憤懣促迫叫號不平固天性然太史公曰伯夷叔齊古之賢人求仁

得仁又何怨采薇之歌怨耶非耶屈平作離騷蓋自怨生也予讀九歌天問哀郢懷沙諸篇咒語神祠變幻不測翱集以睎髮自命豈平伍耶昔周武為天下誅無道受夷齊猶曰薄德恥食其粟卒餓以死翱當地天易位忠賢淪歿所見聞故時華夏衣冠皆侏離椎結雖歎勿哭為得而勿哭初翱亡恙時得唐方干舊隱白雲村為建炎間江端友諸人避地處嘗言死必瘞之作許劍錄疾革語其妻劉我死以骨歸吳思齊方

鳳塟我許劍之地二人聞訃與朱喜方幼學馮継芳翁登翁衡奉櫬窀穸殉以遺文從初志也方鳳狀其行吳謙作壙誌鄧牧為傳其徒吳貴買田月泉精舍歲時嘗蒸云翱所著述百卷多散佚獨睎髮集五卷附錄志狀一卷行于世矣

方公權

方公權字立道莆田人以父澄孫蔭補將仕郎咸淳元年進士歷廣東教授太常丞歸景炎間

興化士人多变衣冠謁元帥唆都公權独責以大義唆都爲屈節礼之公權竟不仕卒人稱石巖先生

徐明叔

徐明叔字伯晦晋江人紹定進士辟江淮制幕秩滿幹辨廣漕清節益勵除太學錄通判漳州知英德府召爲國子丞除直秘閣知潮州遷户兵二部侍郎元兵南下以憂卒明叔學有源委與洪天錫齋名

鄭鉞一

鄭鉞一名少偉字夷白莆田人咸淳中特奏名與黄仲元郭儻俱閩中之望宋末陳文龍守興化軍死之鉞記文龍遺事甚悉入元不復仕與陳子脩讐校通志尽復夾漈之舊作孔子年譜仲元爲序雲我存稿亦仲元序

鄭所南

鄭所南連江人太學上舍元兵南下叩閽上書元人争目之更名思肖不忘趙也隱居吴東南

向坐歲時伏臘輙望南野哭再拜乃返誓不與朝士相接坐中語音異輙引去工寫蘭邑宰求不得脅以他事所南曰頭可斫蘭不可得自寫一幅題其上純是君子絶無小人深山之中以天為春又題寒菊云禦寒不藉冰為骨去國自同金鑄心其忠義發于詞章如此

論曰予家故藏晞髮集隱几讀之以為陶彭澤流亞覽其時事知翺覃思益精節亦良苦集有西臺慟哭記託之手顔魯公宋太史濂謂如韓

愈祭田横文寄哀隴西公也阜羽不辰宗元晦蝕之交抱奇弗試終窶且貧卒以客死後昆子然可謂窮矣千百載下誦讀殘編孰非酸鼻者二鄭華文雅不相及感時幽憤有同情爲予故傳著以附之阜羽

鍾耆德

鍾耆德字元長閩縣人孝友成性家貧不娶教授生徒爲養晚經至正之亂舊業蕩盡每以甘旨不充爲恨親殁哀毁幾滅性與二弟順德明

德怡怡如也嗜德清脩苦節慱極群書詩文馴雅俊逸明德字叔遠與兄齊名同邑有邵京寔能詩與嗜德偕隱

韓信同

韓信同字伯循會稽人後居寧德少工文賦從陳普遊遂刊落華藻本經術真知寔踐四方從遊日衆其門人有林珙鄭犧珙字仲恭犧字子乘二人甘貧力學為文詞以理勝同謂福寧二君可續吾閩五賢之盛信同殁二人心喪三年

珙舉明經授本州訓導未半歲以疾辭轍從布
衣卒年八十餘

黄鎮成

黄鎮成字元鎮邵武人也至正間築室城南自
叙予作南田耕舍諸公賦者率擬之老農人各有
志歆人之知已不亦難乎因書以自嘲鎮成隱
居不仕雅有著作用薦為江西儒學提奔不就
以壽終集賢定謚曰貞文處士

吴海

吳海字朝宗閩縣人元季不仕扁其齋曰聞過
慕鄒魯風歎從居之不克以魯客自號為文嚴
整雅正一歸諸理國初部使者重其行誼欲薦
之力辭與吳武王翰友善翰死為撫教其遺孤
偁遂成大名海玄孫洪字師禹亦有隱德稱石
室山人
論曰元以夷主華夏古今大變天地閉賢人隱
其時宜爾也予采摭閩獻頗為論次胡元九十
餘年薦紳大人未有可錄所錄晦迹丘園不屈

節于胡廷然亦数人已豪傑之士不求聞達堙
滅無傳可勝道哉

陳仲完

陳仲完以字行長樂人洪武進士永樂初自教
官以薦擢翰林院編脩後加春坊賛善侍
皇太孫講讀仲完持身恭慎平居言若不出口
至討論古今據理是非毅不可奪嘗奉
詔汰宮僚某當汰某當留人服其公
仁廟登極仲完先一年卒盖二十年不徙官也
所居邑之江田同時名全者以進士第二官翰

林編脩名登者薦授中書舍人兼翰林侍書稱陳氏三翰林云全有文名校書東觀數被錫賚之寵

洪順

洪順字遵道懷安人永樂二年進士改翰林庶吉士授刑部主事左遷行人歷山東按察僉事尋轉其司使卒於官順舉禮部第三以文名嘗考試順天又奉

命與儒臣脩五經四書性理大全士論榮之及

歷臬司號精法理折獄明允不以勢為操縱事具郡志

王僩

王僩字孟敭其先靈武人也父翰字用文元季襲世千户以材薦調民職為廬州路治中歷江西福建行省治中潮州路總管時稱廉能吏元社屋避地永福山中洪武十年

高廟再遣使徵之翰耻臣二姓遂自引決時僩生六歲矣依母劉氏居閩先正吳海撫僩教之

弱冠遊郡庠，尋領鄉薦，試礼部不偶，入太學，與四方名人為友。既復陳情終養，許之。未幾母歿，奉櫬與父合葬，廬墓下。永樂初推轂至京師，授翰林檢討，領纂脩大典總裁。後英國公覆征交趾，辟為參謀，歸仍舊官。初廬陵解縉才高少許可，一見偁極相推引，以其人文俱蘇長公之列，詩凌駕漢魏，眉山當避竈而煬，遂與肺腑交。既偁從征交趾，縉謫參議，過從益密。後縉復官翰林，傳東宮，坐事忤旨，下刑部獄，或斥偁為黨，遂

并逮繫久之瘐死獄中偁性孝友尚氣節雅志當世吐論英邁亟揚人之善不能匿人之過竟以此敗

論曰王孟敭為郡諸生與先太史養靜友後同官翰林又薦進陳贄善諸人予稔聞其行事不能悉紀也孟敭詩具載虛舟集故不論予讀自述誄至撫膺酸鼻嗚呼才而見忌忠而被謗斯賈生所以擯于長沙屈子所以湛于汨羅也千古之恨独孟敭哉

王褒

王褒字中美閩縣人宋江東提刑益祥八世孫也洪武中以國子生領應天鄉薦瑞州教授改長沙轉知永豐縣殫心詢瘼值蝗災為文禱于城隍境内蝗盡死永樂初學士胡廣薦脩

高廟實録擢翰林院脩撰又奉命脩大典為總裁官改漢府紀善卒于京褒博學强記以文章名家

文皇御極海内無事 上雅好詞翰每遇禎祥

或令節輒命從臣賦詩親品第其高下時元夕張燈褒應制稱旨同輩榮之性豈弟樂善引拔後進恒若不及輟長沙教事政暇猶必造學宮講解經義孜孜忘倦在翰林前後所薦士甚衆即其人或不當上意至獲譴不以故悔他日復薦士　上亦弗之罪也同郡若贊善陳仲完侍詔高廷礼典籍王恭皆因褒以進漢國除褒已前死不與其禍人謂為善之報云子肇

肇

肇字開若，工詞翰，能世其業，所友鄭闇公望、陳仲和仲林憲文，則門無雜賓。都御史李慶寧波守，鄭珞以經明行脩屢薦不起。玄孫應鍾應時克振其家聲。應鍾字懋復，嘉靖辛丑進士，改翰林庶吉士，歷監察御史、河南提學、山東參政，以壽終，祀鄉賢。

應時字懋行，嘉靖庚戌進士，鄉會聯魁，歷都水主事、職方員外、江西僉事、參政，所至有聲。擢雲南按察使，未上罷歸，尋卒。

馬鐸

馬鐸字彥聲長樂人永樂十年進士第一翰林脩撰鐸為人坦易其學宏肆貫穿文操筆立就上幸北京鐸侍　監國為献陵所知每翰林學士國子祭酒缺必命鐸揖之未幾卒同邑李騏永樂十六年亦進士第一翰林脩撰騏初名馬傳臚上為改今名

林誌

林誌字尚默閩縣人永樂十年進士第二人翰

林編脩歷脩撰侍讀學士春坊諭德預脩性理諸書及古今名臣奏議宣德初卒于官誌頴資絶人從王偁遊日記數千言經史諸書莫不精究舉于鄉及礼部試皆第一恬于勢利涉世若踈所緼蓄人莫窺其際

林文

林文字恒簡莆田人與嚴元環同祖宣德進士第三人翰林編脩脩撰景泰三年陞諭德兼侍讀預脩君鑒寰宇志成七年陞庶子兼官如故

及

英廟復辟罷康定時宮寮改尚寶卿後拜翰林學士請老不允五年充大明一統志副總裁成化初以舊學進太常少卿兼侍讀學士懇乞致仕歸卒年八十七贈禮部侍郎文接人以誠意詩文溫雅自成一家曾孫希範同知漢陽府調岳州所在有清譽

柯潛

柯潛字孟時莆田人景泰二年進士第一人翰

林脩撰明年中允預脩君鑒寰宇志成七年陞洗馬天順初例改尚寶少卿兼脩撰八年進翰林學士成化三年

英廟寔録成陞少詹事兼翰林學士侍經筵尋丁内艱歸詔起國子祭酒固辞乞終制服除尋卒潜玉立於容止為文峻潔外若和易其中介然不可奪

陳音

陳音字師召莆田人天順八年進士改翰林庶

吉士授編脩
英廟寔錄成陞侍講改南太常少卿掌南翰林
事陞正卿辛音為人和易坦率至辨義利毅然
莫奪在翰林屢規切時政權璫黃賜有母喪諸
卿佐皆往吊音独不往太監汪直用事其黨常
英夜入楊主政仕偉家并其妻妆縛之音與仕
偉連舍乘高墉大呵其人少戢大學士劉吉起
復音貽書謂不可後少宰缺廷推音補之吉曰
腐儒不可用遂止

趙珏

趙珏字德用晋江人宋皇子德昭之後也少孤貧力學好脩成化乙酉鄉試第一連第進士為刑部主事同考會試擢廣東提學僉事過家與前翰林謫官羅倫語移日與珏同年以意氣相期者至廣未幾卒珏在廣登厓山有詩責張弘範讀者無不感激

周瑛

周瑛字梁石莆田人以戎籍隸漳州鎮海衛成

化已丑進士知廣德州陞南礼部郎撫州知府
能舉其職以忤權貴調鎮遠弘治初太宰王恕即
其家起為四川叅政尋晋右使内艱服除即乞
致仕瑛丰神臞古其學該慱為文章渾深雅健
著述甚富卒年八十有九子大謨以詩魁礼闈
侍養尋卒

黄仲昭

黄仲昭名潜以字行莆田人成化二年進士改翰
林庶吉士授編脩甫三月被命賦元夕煙火耻

詞部俚近俳優與章懋莊杲共譏論之忤旨出為湘潭知縣調南大理評事引疾歸弘治初同爲陞江西提斈僉事自以忤時遂乞致仕仲昭在告日太監陳道聘脩八閩通志又脩郡縣諸志

宋端儀

宋端儀字孔時莆田人成化進士礼部主客郎轉廣東提學僉事卒于官年五十六端儀性方介所至皆有執持家居孝友一意于學無他嗜

稽經訂史尤究極程朱微言子元翰弘治己卯解元知潮陽縣忤鄉宦陳洸爲所中傷被逮吏民醵金爲贐者千人翰一無所受後罷歸潮人以所卻金建祠

林文俊

林文俊字汝美莆田人正德丁卯鄉薦第一辛未進士改翰林庶吉士授編脩歷贊善西京祭酒吏禮二部侍郎嘉靖初充講官後長成均諸生有過盜稽程者罪當罰金文俊聞其將鬻子

即捐俸代贖為少宰半歲卒年五十贈南礼部尚書謚文脩文俊性孝友念父躬耕名其堂曰力本歷官二紀清約如寒士

周宣

周宣字彥通莆田人弘治乙丑進士常德府推官正德間拜監察御史出按山西改督學北畿入臺時

駕將南巡宣與同官二十四人疏諫罰跪端門外三日嘉靖初首疏治安之策以議礼不合出

爲山西提學尋擢廣東按察使左布政使潮人給事中陳洸居鄉多不法宣持憲不阿大忤其意適武定侯郭勛庇山西妖人李福達遂興大獄上命罷臣張璁等判法司事適洸赴京誣訐璁等疾宣不附和礼議遂以在山西棄福建訴詞文致其罪罷歸宣家貧泊然無營雅好讀書尤喜賓客内人捐珥資之

陳琛

陳琛字思獻晋江人少師蔡清清雅重之丁丑

進士刑部主事以母老改南戶部尋轉考功益肆力于學嘉靖初上两宫徽號得推封二親遂乞終養既歸不入城府不通書達官貴人即舍旁闢一室讀書其中七年以大臣薦徵之又即其家拜貴州提學僉事尋改江西皆力辭不赴十三年母以壽終琛年六十執喪如礼又餘十年疾卒未卒數日舍後潮汐不至

林同

林同字宜正晋江人從蔡清學弘治鄉薦歷教

諭三邑改金華府教授擢兩浙轉運判官分司永嘉持鹺政廉潔無私當官而行不阿貴執輸課入京師梁司徒材素廉每稱同類已執政桂蕚于同有舊竟不爲私謁永嘉沙城之役李御史希張相璁意下其議于同同召諸父老謂城便者左不便者右同以衆議忤御史使溫台一郡官叅議之同持益堅遂乞休歸沙城役亦報罷同躰不勝衣完養自至言若不出口至講議理道率中肯綮家居東山二十五年環堵蕭

然

柯維騏

柯維騏字奇純莆田人嘉靖癸未進士南戶部主事未上引疾歸會議禮臣柄國倡新法諸京朝官請告踰三年槩罷免迺禮臣以異己釋憾故波及騏騏知仕路嶮巇矢誌巖居負笈從遊者四百餘人慨近世學士竊禪宗以揜孤陋作左右銘歆學者寔志寔功作謀義與生徒辨釋心學經義作荅問會宋遼金三史正其謬誤作

宋史新編又有續莆陽文獻史記考要諸書維騏文祖西京古詩宗蘇李近體效大曆而下然非其好也孝謹方介非大典礼不入公府儉以濟廪部使者數薦諸朝不報隆慶改元臺諫屢請召維騏倫顧門竟從引年例與致仕卒年七十有八兄維熊進士工部郎中維羆鄉薦知縣俱有時名

李杏

李杏字子芳永安人嘉靖乙酉鄉薦歷東昌府

推官南大理評事四川按察僉事致仕杏天性孝義動以古道自期歷官所至廉能著聲其僉憲于蜀躬抵弥勒宣示
朝廷威德所産笻竹杖空青諸物一無所取諸番酋舉手加額稱佛爺云歸益涵脩餙躬勵俗不為空談監司慕而礼之旁邑士多負笈来學卒年八十有二

論曰正學本洙泗衍于濂洛關閩總之傳文約礼所繇適道近世士大夫不務宗洙泗正傳一

第以後竊禪宗之似緣飾高論鼓動愚俗逐臭之夫靡然從之聖哲微言厭棄詆訛猶以盜主翁謂同室之人盜也豈不謬哉嘉靖以前諸君子悉有論著不詭于正學盖一時儒風之盛予悉列之而重有感云

鄭克敬

鄭克敬以字行將樂人洪武中用薦司訓本府學擢監察御史廉介受知高廟常以父諱日侍宴不食應對稱旨賜鈔五錠

鄭闓

鄭闓字公望閩縣人與林誌洪英齊名永樂初貢入太學應天鄉薦第進士觀政刑部以議獄款貸無辜與尚書爭不能得遂丐教職為安陸

州學正改無為州擢廣西教授致仕歸閩所在有作人功然性剛嫉惡過嚴故仕不達雖罷禮闈舉進士三十年官不越庠序其鄉居也貧約如寒士

連均

連均字士平建安人永樂進士授監察御史積官江西布政使致仕均所至有聲仕官四十年資產不增尺寸

鄭循初

鄭循初莆田人正統鄉薦訓導餘杭祁寒暑西衣冠端坐為講解滿考選為駙馬周景府學錄有獻莊田者重賂循初為通循初峻拒之且戒景毋輕聽自汙遷南國子博士魯府長史陳六事以肅內治王不能用後循初外艱歸復除秦府長史請老致仕卒年八十有一循初孝友簡重士論稱之

李文殊

李文殊將樂人永樂中用薦除工科給事中左

遷縣丞後歷刑曹知廣信府文殊持身廉介布素蔬食若寒士乞休歸人甚重之正統間沙尤冦縣文殊贊畫城守邑賴以全又減糧差甦民困置永安縣皆有力焉

吴伯璋

吴伯璋閩縣人天順鄉薦訓導宣城改全州擢教諭樂清縣伯璋三任教官勤于訓迪不以一毫干人所至有司雅重之全州大司徒蔣昇與其弟少傅冕俱出門下受教最深至今廣西人

談之

謝璵

謝璵字叔和閩清人景泰進士歷戶部郎廣東參議布政使致仕璵内行甚嚴質厚坦直鄉人稱之在戶曹奉使賑饑全活甚衆廣東寶玉鄉也璵居官久位至左轄無一卒之田增于舊業

楊瓚

楊瓚字宗器莆田人天順進士吏部考功司主事太宰王翱性褊急屬官曲意取容瓚獨守正

翺後相知遇以殊禮累官湖廣參政以不能狥時自免歸瓚歷居要地田不增一畝敝廬不蔽風雨人稱其清白

林同

林同字進卿龍溪人天順進士歷户部郎成化六年賑饑保定明年陞江西參議以忤權貴調廣西弘治三年永福寇興同佐總兵官馬俊出兵賊聞同威名遁去擢浙江參政進廣東右布政使尋轉左在廣藩以剛直忤督府唐珣唐林以

他事同不為動未幾珣歿其子奔喪同待之有加礼十一年入覲還過家為鄉人步行禱雨得足疾遂乞致仕卒年七十有一同有清操雖官左轄如寒士

陳燡

陳燡字廷輔仙遊人景泰鄉薦卒業太學詔拔其尤者與進士叅補臺職燡居異等授南監察御史巡視諸倉剔蠹剗弊發鄉人謝瑚請託欺隱寘之法清操益白遷廣東按察僉事瀕海畨

舶互市有例入燹峻非之未幾卒官囊槖蕭然

鄭序

鄭序字志礼長樂人正統進士歷刑部主事兵部郎中湖廣叅議所至氷蘗自持湖襄盜起徼賊嚴急序寬簡如平時寧得罪不忍斯民顛沛都御史以催科政拙議更他任序年六十遂致仕歸家居力田灌園自給卒年九十

黄寯

黄寯字世用閩縣人成化進士歷知武寧當塗

江山三縣入為工部主事改户部寓牧邑多惠政在曹董運築城俱有成勞與時不合拂衣歸寓素廉介時有空空歸故鄉之謠

宋宣

宋宣字世遠，侯官人。天順間例貢太學。順天鄉薦。成化乙未進士。知定海縣。宣律已廉，務恤民。歲旱，徒步百里禱雨，輒應。按察楊繼宗薦户部主事，榷鹽閩廣。富商有私凂，峻拒之。

周源

周源字子濬同安人成化進士初計偕北上隣舟夜遇盜源拾遺金盡歸其人知石埭縣入為兵部主事持身清苦人所不堪權璫汪直者怙寵檢朝士家至源篋中僅數十錢廉名益着歷郎中調武選尋卒櫬歸不克葬副使邵蔣哭以詩有身全白璧無地葬黃腸有司葬之

趙璿

趙璿字惟德晉江人弘治進士户部主事時雲南災異巡視侍郎樊瑩奏黜貴州参政而下三

百餘人琫疏言近政日非當脩省且屬大臣賢否未聞以遠方庶官應變者凡數千言極剴切進員外郎郎中歷監御廒及諸鈔關九門稅持正執法人不敢干以私居官廉潔內行甚謹

王有恬

王有恬字德安長樂人成化進士歷南户部郎出爲江西督粮參議有恬幼穎慧好學督賦江右振刷有方畧淮王之國道經九江水陸費鉅萬有恬酌省其半以寬民力後自免歸杜門三

十餘年窮約終身世味澹然

危行

危行字世隆邵武人弘治壬戌進士樂安令堅持雅操蔬食敝衣泊如也巡江視師捕逸賊以勞疾卒行性天忠孝在臺時爲逆瑾罰贖假貸以輸卒之日囊無餘資同官助其棺斂喪乃得歸子騏郡庠生亦有行誼

鄭錫文

鄭錫文字禹範長樂人弘治進士義烏令復秀

湖灌田民德之立祠其上擢南道御史以病請告逆瑾奪其官瑾誅起雲南僉事終廣西布政使歷官三十餘年苦節不渝

王希旦

王希旦字雖周侯官人參政佐之孫少負經濟大畧書過目成誦魁正德癸酉鄉薦屢北春官年四十餘以母老謁選試求仁得仁論太宰汪鋐大奇之破格授吏部司務居銓曹職掌淹貫不為私請擢禮部祠祭員外郎郎中丁内艱歸

卒年五十有二旦賦質剛明不爲媮婀詩效初
唐古作遒勁直追史遷海內名流重之從父弟
昺
昺字維晦慕古砥行昺博極羣書甩嘉靖壬午鄉
薦教諭海門以身範型士豫附如嚴父慈母用
薦擢國子博士轉監丞戶部主事卒于官年四
十二至無以爲歛大司徒許讚爲治具歸其喪
昺性豈弟篤於倫理事母陳至孝友愛二弟庭
無閒言所得俸給賑助族姻妻子不免飢寒筮

仕海門族子應鍾少孤撫而敎之遂以大業顯應山嘗言祠部骯髒氣凌千仞民部推醇謐然可親其中屹然不可撓均之君子人也純德懿行津二人口溢於予耳采其可傳者著于篇

鄭蘊中

鄭蘊中字德輝閩縣人成化鄉薦敎諭石首知貴池縣俱舉其職以議獄與上官忤投劾而歸蘊中狷介家居夫婦織席爲食有門下御史按閩屢往候弗見也一指揮以金求防海善地堅

不納且欵官治之指揮言御史有命来請蘊中力辭不受卒年九十餘

廖雲翔

廖雲翔字鳴和懷安人弘治鄉薦正德中知奉化縣不以家自隨治民如其家不施鞭朴有貧負人者以俸貸之不責其償也鎮守内官張甚謁者必重幣雲翔無所持入覲京師或勸其挾資遺朝貴不聽竟以擠者調吳川遂致仕歸家居貧甚不以一介干人年九十三卒奉化人至

今思之

王公大

王公大字道行侯官人弘治鄉薦泗州學正歷户部郎浙江運同知程番府公大天性廉介爲運同時塩課有羡金數千大抵入私橐公大獨不受後遷滇南以母老道遠遂丐侍養家郭外徒四壁觀風使者屢造廬礼之

張夢斗

張夢斗字維北懷安人嘉靖壬子鄉薦歷教諭

知句容縣應天府推官户部主事丐歸卒廖斗讌雅有清操所至砥礪名檢甫陟郎曹以弟殁二親春秋高乞身爲養年不逮德未究其用人盡惜之鄉科中可匹先輩王公大斯人而已

林性之

林性之字帥吾晉江人嘉靖進士知麗水縣有實政不務赫赫聲歷户部郎中父子相繼登第清約如寒士

王介

王介字節父侯官人弘治鄉薦訓導婺源歷知
咸寧江夏二縣通判廣州府正德間知全州以
忤貴勢改武定軍民府同知未幾竟以所忤罷
歸介剛正果于有爲所在人懷之歷二縣人目
爲鐵尹以其不阿也判廣州有金玉滿萬難得
府判之歌其歸也以全州有光禄丞唐夔横于
鄉介繩以法蔣少宰唐姻也遂入其讒既歸僦
屋以居無儋石之儲子鍏舉進士同知吉安府
孔子鎣

鎣字鼎文正德鄉薦教沔陽州積官刑部郎中奉命恤獄過家疾卒鎣愽學有文嘗守壽州都御史下其法諸郡家居孝友鏜少孤鎣撫而教之

李士文

李士文字在中連江人鄉薦教諭高明嘉請已丑進士授南給事遷都諫官終浙江按察使士文所至舉其職持身廉介給舍家居時按閩使者閔其貧欵以官地畀之不受

林山

林山字士仁長樂人嘉靖己丑進士知萬載縣擢户部郎李尚書者不習錢穀事又尚通諸貴人所請輙下山山持不可以是積怒欲擠之而無所乘後李尚書罷梁材代之材名臣也顧稱林郎中執法薦為徽州知府徽劇郡富而喜訟諸貴人干請書盈篋山悉不省斷獄明允民以為神擢廣東副使年餘四十以親老乞休家居敝衣徒步人不知其有官然恃其清面折人過

與鄉人寡諧在萬載徽皆有生祠至今語林守或泣或嘆

王舜卿

王舜卿字師禹閩縣人嘉靖鄉薦歷廣東僉事卒于官舜卿風格峻整勵冰蘖之操嶺南持憲墨吏望風畏之

林廷琛

林廷琛字世獻侯官人嘉靖乙未進士歷户部主事員外郎郎中十七年以旱朝後至左

遷鎮江通判時謫官數十人銓曹以註誤過薄輙從官廷琛得南寧府同知執政欲有所中傷并罷諸擢者廷琛既歸鄉居貧甚有司慕而礼之蓋不入城市者十餘年尋卒初户部尚書梁材有古大臣節凡所屬操利權悉選廉潔郎往一時號得人後至大官廷琛為材所器獨不究其用時論惜之

林舜道

林舜道字允中閩縣人嘉靖丙辰進士歷縣令

省郎南安郡守官終廣西叅政舜道世農家也屈首受書以功名顯居官清約持身若處子位方岳所居委巷卒於官囊無餘資諸子淪逝人士惜之

論曰清爲至行世或媢忌謂簡伉孤狷能娩人少容物也其甚者不惟面羨心嫉且以無稽謗之持是儌上將安所與耶甚哉獨醒之難也數公氷蘖之操坎壈仕路至以窮約終身如黄主政王同守鄭廖二尹予所逮聞王太守辱交先

人王僉憲林正郎有葭莩之親張維北予友也
頗詳其歷履云

林仕敏

林仕敏字世懋莆田人洪武鄉薦入大學署大理少卿尋授户部郎中以言事切直謫南丹衛軍吏永樂初復南康知府禾方秀蝗大集仕敏罷已處禱翌日蝗悉飛去改知淮安益勵清操舊僚蒞淮仕敏與鈞礼為所誣謫南寧鎮鄉巡檢改宜興教諭曾孫大猷鄉舉

陳良

陳良字從時長樂人洪武中以明經薦授吏部主事永樂初以災變陳言忤旨下詔獄謫交趾尋復官奉使遼東又陳軍中弊政四事當事者忌之出爲嚴郡判州行有大蛇隨之良曰是必有冤獄到官釋之人以爲神良友愛諸弟分産讓田有古人風

吳賓

吳賓字中美長樂人永樂九年進士監察御史獨立敢言時呼鐵面處州民相讐殺獄株連甚

衆實往按徽服廪之出無辜者百餘人奉天殿
災應詔陳六事皆切時弊官終按察僉事

嚴烜

嚴烜字熙叔懷安人永樂初以楷書徵例與八
品官不就後舉進士拜監察御史言事不避按
山東值歲荒奏蠲其税擢浙江僉事處州賊平
株連甚衆烜訊其非辜悉散遣之未幾坐累改
官迺乞教職得金華府教授尋卒烜直亮尤篤
孝祖母陳疾刲股和粥進之居官三十餘年産

業不增尺寸

林長懋

林長懋莆田人鄉薦教授選侍東宮授編脩陞中允宣德初出為欝林知州以陳言下獄者十年正統初復守欝林有惠政自奉澹泊卒葬其地民立祠祀之

高瑤

高瑤字廷堅閩縣人景泰鄉薦歷荆門宜興訓導成化初詣闕請復景泰廟號知番禺縣廣藩

左使天台陳選負重名察瑶治行古循吏也爲繪圖以詩壽其母其見重如此市舶太監韋春縱下人不法選檄瑶治瑶籍其資中貴誣奏選瑶亦被逮士民泣送者數千人謫戍永州釋還卒于家

邵銅

邵銅字振聲閩縣人景泰進士監察御史天順初曹吉祥石亨擅威福銅與同官疏劾之下詔獄謫知縣壽先改愽羅所至有聲以平寇功擢

温州知府致仕

楊琅

楊琅字朝重莆田人天順三年鄉試第一人八年進士拜監察御史成化初傳言復差内臣鎮守琅抗疏極言不可又請起大司馬王竑脩撰羅倫皆不報出按江浙寬簡得體擢山東提學僉事值歲荒分道賑恤至東阿疾卒琅篤學好脩精于經義

呉讜

吳謙尤溪人以明經除御史調武昌知縣有千戶周順者勛戚也挾勢殃民謙劾奏之尋卒縣人哭以詩有精忠貫日之句

陳崇

陳崇字德崇懷安人成化進士知樂平縣著厚倫正俗二論示民擢御史按應天發奸摘伏人稱神明崇性醇謹當官不避難同列彭程以言獲罪崇抗疏申救時論稱之

陳景隆

陳景隆字如初長樂人成化進士知武康德興二縣入爲監察御史擢山東僉事守制歸卒景隆號長者居官廉介有立爲縣時中使倚勢横索景隆不聽吾官可去剥民媚人不可爲也在臺尤敢言

陳崇德

陳崇德字季廣長樂人成化進士知清江縣南監察御史同官楊茂元以直諫被逮崇德疏救之擢廣西兵備副使以平寇功擢參政終浙江

右布政司同邑陳詵者正德間進士爲刑部郎與同官疏諫南巡廷杖幾死後知兗州府以疾歸卒同邑又有陳文試弘治進士臨水令擢監察御史屢進讜言多見采納

黃體行

黃體行字于道莆田人弘治壬戌進士歷工部主事户部員外郎正德七年乾清宫災體行應詔陳言時番僧義子邊軍蠱惑兒戲遨駕潜遊外布體行指陳無諱上怒削籍歸家貧授徒自

給嘉靖初起爲處州知府引疾致仕

鄭玉

鄭玉字子成莆田人正德辛未進士歷户部郎徽州知府時興大工使者採木將至郡玉疾遣家僮詣闕上書言新安故多豪右大賈每役興輙令捐資佐縣官積久貧困甚于他郡即令助役恐不能輸

詔蠲之爲新安百世利擢江西副使同年友桂蕚柄國怒新安守不能歲時持一物通問數以

為言玉歎曰仕宦箕五十戀戀一臬吏能無𠷇曼容之媿乎遂自免歸

黄偉

黄偉字孟偉南安人正德甲戌進士歷刑部郎嘉靖初應詔陳九事俱切時弊出守南雄性介直不能婾阿上官疏請致仕調松江權貴有嗾之者或勸一謁謝竟不往復稱疾竟歸十七年泉大饑部使者請尸賑事旦暮區畫寢食幾廢疾作而卒

鄭一鵬

鄭一鵬字九萬莆田人未冠領薦正德辛未進士改庶吉士授戶科給事中轉左吏科在諫垣屢言時政嘉靖三年伏闕下請正大礼忤旨廷杖又極論桂蕚張璁方獻夫妄議搖國是武定侯郭勛怙寵亂政皆人所難言者會令科道京考拾遺得互糾一鵬以故事執奏 上怒諸權貴從而擠之又廷杖六十罷職不叙一鵬家貧其操益勵能以菽水為二親歡年五十九卒

隆慶改元贈光祿少卿同時莆人姚鳴鳳閩人高世魁俱爲御史抗論李福達獄事削籍卒于家隆慶初獨世魁得贈光祿少卿

胡瓊

胡瓊字國華南平人正德辛未進士知慈溪縣縣多貴人子弟請托無厭瓊有操持貴家不得出一語召試監察御史月餘引疾歸庚辰復入臺出按貴州奏中官王閏贓汙及總兵昌伍不法皆人所難者嘉靖初起復赴闕抗疏大礼忤

旨廷杖尋卒隆慶初贈光祿少卿

林公黼

林公黼字子質長樂人正德丁丑進士大理評事己卯歲　上將南巡江彬錢寧嗾上杖言者公黼復約同官力諫疏入

命繫詔獄五日再杖闕下舁至邸遂卒公黼性

天忠孝筮仕即以身殉國時論稱之嘉靖改元

贈太常寺丞賜祭錄其子逢春為太學生積官長史

謝蕡

謝蕡字惟盛閩縣人霽之孫正德辛巳進士礼科給事中敢言時事嘉靖初陳乳媪濫封因勸上節恩澤戢内侍又論救翰林吕柟等皆見聽納大礼議起蕡同諸給舍力争之詔杖闕下又論張璁桂蕚輩憸邪不可用坐奪俸出知太平府未上卒于途隆慶改元贈太常少卿子啓元鄉薦有文名以子蒙亨贈工部司務孫利仁鄉薦

朱淛

朱淛字必東莆田人正德丙子鄉薦第一嘉靖癸未進士為監察御史踰月

昭聖太后壽誕有旨免朝賀淛上疏極言其非御史馬明衡莆人也亦有言　上怒捽二人至內廷命中貴詰以免賀乃皇太后意二人輙敢訕上下獄擬不孝反坐論死輔臣蔣冕叩頭營救各罷為民淛居家孝友謙恭稱長者卒年六十七一孫早夭無嗣與明衡獲譴雖同淛最賢

貧又難堪隆慶改元俱贈光祿少卿

張曰韜

張曰韜字席珍莆田人正德丁丑進士推官常州府時江彬寵幸邀駕巡幸留都縱其黨數十輩下江南橫索毗陵人避地無計曰韜兼署郡邑預折其鋒銳彬黨數騎無所得野宿大困遣疾告于彬韜亟詣御史臺請按部毗陵御史命韜乘巨舟自以小舟尾其後彬黨悉至截御史所乘小舟御史出舟示之且命捕截舟者截黨悉散去江南諸郡

遂免漁獵嘉靖初入爲御史在臺四月七疏時事最後抗議大禮廷杖幾死稍蘇猶卧地口占疏稿閱月尋卒隆慶改元贈光祿少卿

林若周

林若周字吾從莆田人正德丁丑進士知博羅縣有殲敍功語具惠州志嘉靖初爲南道御史累進言觸忌諱又論治中王槐監生何淵救尤張璁桂萼霍韜等瀆論大禮以干進用外戚蔣輸邵喜席寵濫恩數事皆不當　上意若周

以父高年乞歸侍養連丁内外艱家居柄臣憾
諸言事者以京朝官養病過三年勒致仕若周
所疏終養令混養病數中坐免部使者數薦不
報

劉世揚

劉世揚字實夫閩縣人正德丁丑進士改翰林
庶吉士授給事中進都吏科以註誤謫江西藩
幕稍遷常州通判南祠祭郎中廣西僉事尋陞
河南提學副使未上卒世揚高潔古道自期嘉

靖初在諫垣屢進讜言有內侍崔文者首興齋醮事世揚抗疏劾之又言詹事官非其人忤旨下錦衣衛獄世揚猶堅持前議得釋復上百事執政忌之遂以他事左遷未究其用卒二子鶴翔知縣鵾翔長史俱有文名

魏一恭

魏一恭字道宗莆田人嘉靖己丑進士温州推官時張璁柄國子弟多不法一恭繩治之遂不得肆轉撫州同知刑部員外數以論事忤堂官

謫判潮州量移楊州州同知廣西提學僉事浙江按察副使坐鎮四明時二十六年也倭寇軍興督府朱紈議城定海島上一恭奏記極言非便朱按行海上是首議者一恭力排之朱不懌而罷又以寇功節其犒賞金帛大忤意廼中一恭以他事劾之御史裴紳言魏有盛名所論刺恐不猒衆心朱遣疾騎間道追還劾章尋陞江西參政廣東按察使山東右布政轉左廣西未幾卒于官一恭起單族性剛介歷官數十年清約

如寒士當事者病其寡諧

陳讓

陳讓字子升晉江人嘉靖辛卯鄉試第一壬辰進士紹興府推官入為監察御史謹身殿災有讜言　上嘉之巨奸劉東山者數誣奏勳貴臣興大獄株連甚衆讓數其彎弓射父事捕送法司東山令其黨上變告連讓下獄讓獄中上書舉漢皇巫蠱嬴始遷母極論東山死罪非一上悟釋讓復官東山并其黨皆正典刑權奸郭勛

議復差內臣鎮守讓極言其非　上從之十七
年以議顯陵塋事忤旨罷歸家居杜門力學不
怠卒贈光禄少卿

陳良鼎

故太學生陳良鼎者閩清人也鼎字廷器嘉靖
間以貢升齒胄需選銓曹時
駕南巡文武大臣夏言郭勛出敕諸人無上諫
書臺諫莫敢先發良鼎伏闕下抗疏言河南湖
廣所歷數千里有司預借下年賦稅為俱億民

賣妻子棄室廬他徙不可勝計
陛下承高皇帝大統輕身遠出如宗廟社稷何
乞命大臣護靈輀合葬顯陵以全仁孝疏入
上震怒命廷杖謫戍繫司寇獄後上諫書者十
有四人
上益怒謂由狂生倡之將寘重辟駕至真定行
宮失火記良昇言有旨釋放罰炭萬斤赴承天
既駕渡黃河浮橋鐵纜斷絕衛士溺死甚衆又
有旨免良昇運炭罷歸家居砥行不二其志隆

慶初

詔録言事者良鼎年已七十餘撫按塗澤民王

宗載請與遥授不報又踰十年卒

周天佐

周天佐字字弼晋江人嘉靖乙未進士户部主

事奉部檄督草場德州倉所至清操自勵辛丑

九廟災詔諸臣陳時政闕失先是御史楊爵抗

疏五事繫詔獄已數月無能申救者佐謂時政

闕失此最大者迺上疏言之有

詔廷杖與爵同繫佐瘐死獄中隆慶改元贈光
祿少卿官其嗣子佐仕未久年茂氣盛以身許
國素所蘊蓄者

舒汀

舒汀字紹安侯官人為人簡伉重氣節諸生時
建安巨室延之誨子弟有違言即束裝不告而
歸嘉靖乙未進士授行人選監察御史按南直
隸浙江素疾墨吏重繩之所至凜凜即巨室素
為不法者亦遠遁會監試兩浙盡心所事最稱

得人事竣復命虜數寇雲中上谷汀劾兵部尚書毛伯溫不憂邊事日置酒高會上怒罷伯溫杖職方諸郎當事者忌之出汀為雲南副使御史何維栢按福建疏上五事劾輔臣嚴嵩詞悉姦諛情狀嵩曰必舒御史教之是故欲劾我者陞汀雲南憲副未幾即以京察謫州判汀過家死矣嵩又致贈賻祭以文其飾非如此

薛廷寵

薛廷寵字汝承福清人嘉靖壬辰進士以行人

選吏科給事中奉使朝鮮還擢都掌科廷寵在諫垣有鷹鸇之忠所劾大臣當事者獨嚴嵩新有寵再疏不能殄鄉人為治喪以歸寵内行謹事繼母李氏甚孝李有子恒就寵養其卒也李哭之哀繼室衛氏北人也寵卒時衛年十九父母憐其少欲留之衛不可間關歸閩獨處一室薛氏親黨罕見其面寵忌日輒哭其遺像年四十餘卒

史朝賓

史朝賓晋江人嘉靖辛卯鄉薦第二丁未進士歷刑部郎以論救言官楊繼盛大忤嚴嵩謫判楊州府嚴敗起官至應天府丞南鴻臚寺卿爲時論推重弟朝宜亦有時名官至湖廣右布政使

王用汲

王用汲晋江人嘉靖戊辰進士歷户部郎值張居正柄政多不法事用汲疏論之罷歸爲民張敗復起官南吏尚書尋卒士論惜之

論曰裴弘中在中書三拾遺以遷官過謝獨讓嚴休復異二人孜孜獻納埒唐名相其言若此臺諫之職可知已吳中美嚴熙叔陳季廣朱必東謝推咸劉寶夫陳子升鄭九萬舒紹安諸人稜稜著風節能舉其職林世懋黃于道鄭子玉身非言官批鱗不避高廷堅張席珍魏道宗蛝臂當權倖車轍藉令居諫苑肯緘默容身哉林子質周宇弼胡國華捐生徇國陳廷器太學生言事有古諍臣之風輕爵祿重氣義尤人所難

者薛給舍以身刑家予聞之馬司徒云

陳濬

陳濬字潛哲惠安人永樂鄉薦麗水教諭用薦擢監察御史糾刺不避出按廣西風采凜然滿九載以母老請告歸遂不復仕濬至孝母高年失明嘗在床褥濬躬扶持卧起不怠杜門養重有司慕而禮之

林智

林智字若濬莆田人正統鄉薦訓導宜興未明

燃燭坐齋中課諸生至夜乃息遷銅梁教諭以憂歸服除適宜興教諭缺諸生為京朝官者力請補之提學陳選舉智自代吏部持資格註縣令智力辭補蘄州府教授滿九載諸生白巡撫乞留再任智以老懇乞致仕歸智司教三十年作人為多

謝璿

謝璿字仲玉懷安人正統進士南科給事中數
上疏論事出為浙江參議裁抑中貴黜貪墨守

風采凜凜年四十餘即歸日所居委巷攻苦茹淡人不能堪自視泊如也

陳鴻漸

陳鴻漸字廷儀連江人景泰進士歷刑部郎廣東司所主錦衣官校獄訟也權貴請託無虛日鴻漸為正郎一切裁以法權貴輙欵中傷然鴻漸素廉謹不能加害嘗奉命讞獄常州罪人謀以重賄賂鴻漸既不可汚同事武臣亦不敢為通天順末以親老丐致仕歸時年尚未及彊仕也

家居二十餘年卒

吴智

吴智字宏哲莆田人景泰進士户部主事改工部擢四川提學僉事蜀人有居政府者智獨無所趨附士論與之陞湖廣副使督學以老乞致仕歸智家貧蜀士有以御史按閩者行部至莆時智已病御史即卧内謁屢叩所欲言智卒無所干歎息而去

林玭

林玭字廷珍侯官人天順進士以親老求侍養者十有七年服除歷南刑部郎雅為太宰王恕所知擢雲南提學副使致仕歸玭家居以風節稱其學精于易泉蔡清師事之門人得其指授登第甚衆

彭甫

彭甫字原岳莆田人成化進士歷户部郎擢廣西提學僉事改湖廣正德初逆瑾檀政甫上疏乞休并及時政瑾恚之勒致仕瑾誅更化甫以

孤介寡援遂不復起嘗脩仙谿志未就而卒後有司請其子大治踵成之大治正德進士歷户部郎知楊州改叙州屹然當事不避權勢轉長蘆運使未上卒

論曰爵祿名寵世主以網羅賢俊貪饕之人奔走焉策足為傑容身為工緣經穴竇所務苟得至屢斥尚不肯去寡廉鮮耻而俗不長厚也如此則恬退道尊爵祿名寵不足重矣諸君子當明盛之時辞榮就寂其進难其退恒易即使事

出矯激譽干清脩猶足振世勵俗况未必非中心所安者可不謂知道哉戴僉憲有仌葛之親謝少參陳郎中與曽大父同朝林學憲㮣聞其高致云

林堪

林堪字舜卿莆田人成化進士知長興縣改漢川皆有去思歷南太僕丞曲靖知府時逆瑾遣校尉緝事雲南堪無所賂其人譖之坐免歸嘉靖初更化起廢堪以年老致仕御史疏堪行超流俗政媲古人宜令有司存問從之以子應驄封中憲大夫卒年九十七應驄正德進士嘉靖初戶部員外論救朱淛馬明衡并下詔獄謫亟

徐聞忤權貴罷歸先其父卒

林典

林典字汝惇莆田人鄉薦教諭冠縣改西安捐俸資貧士擢教授鄱陽知宜城縣治爲諸邑最歷順天通判都察院經歷不能曲意狥諸御史調中軍都督府擢廣西僉事貶山東屯田力行其意權貴不少假借引年致仕

陳傑

陳傑字國英莆田人正德進士知景寧縣絜己

惠民民戴之有巨猾陳盪雄資武斷傑寘之法盪賄上官誣于理父老訴于郡郡守劉斐率僚屬爭之事白徵入為監察御史屢疏時政滿考僉父老疏歸侍養逾年父卒傑孝友天性擇地而蹈茹淡屏芬家居九年無書入公府卒年五十有六督學潘潢題其墓曰孝廉先生

史于光

史于光字仲祐晋江人少貧居喪以孝稱正德丁丑進士改翰林庶吉士引疾歸逾五年起為

吏科給事中時議大礼忤時復引疾歸杜門力學雖屢空泊如也後徵赴京同考會試尋以疾卒友人張岳為歸其喪

周瑛

周瑛字懷玉福寧人嘉靖已酉鄉薦判廣州署肇慶府事甃石城學衢新守至衛之廉其係贖商税二百金悉籍于帑遂加敬礼後安南師興被檄調度兵餉宴具數萬金無毫髪自私最績擢知恩州人同知恩南九載擢其郡太守有吕

馬者岑猛黨也聚衆為梗聞璞守郡即遣款輸金璞受其降而辭其金撰府志詳岑猛兵事始末丙辰述職京師乞休不允便道歸遂不復赴卒年七十二璞飲人以和或干以公事則正色阻之家居與弟新昌訓導珉相友愛珉少孤授經于璞至白首執弟子禮甚恭州人兄弟有不睦者因而化焉

廖梯

廖梯字雲卿莆田人正德丁丑進士歷南户部

郎改膳部擢山東參議未至坐户曹註誤謫知安吉州轉寧國府同知擢鎮遠知府致仕梯邃于經術歷官清慎妻子不入官舍以母老焉歸家居三十年安于窮約至老尤好學不倦卒年八十有一

戴亢

戴亢字師賢閩縣人敔之子正德進士貴州僉事致仕亢質直狷介恬于進取嘉靖初與同官上封事議礼廷杖偃蹇官途以病焉歸尋卒隆

慶初撫按疏請贈恤不報

鄭伯和

鄭伯和字節之閩縣人高祖旭曾祖瑛祖亮三世以文行着伯和弘治鄉薦亳州學正國子助教壽府長史致仕坦夷長厚素勵清脩未第時以禮經教門下士甚衆歷官所至有聲家居諄諄導人於善天性至孝嫡母林撫之有恩忌辰終慕逾耳順祭猶泣下宗黨貧者視其力賙之仲子漳覃恩封大中大夫兩淮運使以壽終伯

子澄嘉靖元年鄉薦湯溪令雲南溫州二府同知致仕歷官所至有聲家居侃侃有父風卒年八十有九與父並祀鄉賢漳自有傳季子瀾貢知懷遠縣澄子相相子熙俱鄉薦相知滁州林宗伯郡志稱鄭氏世德長史子孫多賢漳得公之清澄得公之厚云

鄭憲

鄭憲字有度長樂人正德進士授刑部主事丁內外艱歸不入私室者六年服除猶請告家居

積十四年以郎官謁選太學士方獻夫者故與憲俱為郎相善也獻夫以議禮致通顯佐吏部憲于公庭一揖而出獻夫以憲薄己啣之遂移覈稽遠待報逾年憲終不為屈時人重其風槩後轉光祿丞卒于官

謝炯

謝炯字先宇莆田人嘉靖鄉薦教諭貴溪擢桐城令入為户部主事司榷楊州課外一絲不入商人頌之滿考丐歸待養炯有時名家居孝友

士林推重

甯堅

甯堅字永真邵武人領鄉薦卒業太學祭酒丘濬器重之年五十授鳳陽府同知逾年卒官堅少失怙事母至孝家居導人以善從遊甚衆而多所造就守馮孜所脩郡志皆出其手蒞官未久鳳陽人至今思之

林功懋

林功懋字以謙漳浦人嘉靖壬辰進士知東莞

縣有聲歷南戶部郎出知贛州府時巡撫朱紈操下廩廩功懋張弛調停民盡感悅遷四川按察副使兵備松潘與邊將何卿相左遂致仕歸隆慶改元起山東濮州兵備歷陞河南參政廣東按察使未上卒功懋為人沉毅有氣節孝友敦睦鄉評重之

陳祥麟

陳祥麟字士仁莆田人嘉靖丙戌進士知安東縣改麻城以足疾乞為湖州教授遷南刑曹

出知姚安雜夷獠號難治麟結恩義民夷輯寧調南安以治最擢山東提學副使課校積勞卒于官祥麟性醇樸不務講學而潔已濟物皆有實益時論推重之

方重杰

方重杰字思興莆田人良永之冢子也少侍父官粵西父在軍中三年母陳疾劇重杰刲左臂肉和粥以進母甘之遂愈有訛傳父將兵數衂者母以憂卒重杰扶櫬歸風晨雨夜號慟不絕

聲後父與弟良節並膴仕重杰不閒戶外事希
古聖賢足不践公庭常布粗糲若蓬藁然父歿
廬墓三年時有朱蛇盤旋之異正德己卯領鄉
薦再上春官遂脫跡名場卓然心性之學妙契
疾書著希明録見志尋卒黄輩嘗言簡肅之有
重杰猶魏公之有敬夫也督學江以達檄送孝
子祠御史曾佩復疏列其行詔旌之子廖州郡
庠生能世其家學未上卒

劉閲

劉閔字子賢莆田人動循古礼家貧奉母極滋味疾不解帯以父早喪與祖母在殯不克塟遂斷酒肉遠房室朔望號哭殯所者三年隣族人為助其塟母歿廬墓蔬食終喪妻失爱于母出之終身不娶少保林俊嘗疏于朝劉閔學行高古乞徵侍青宫講讀不報御史宗彝知府陳效又薦之詔以本縣訓導食其禄所著書籍甚富

林學道

林學道字致之莆田人居邑庠嘗之泉從蔡清

學學憲邵銳選會城習尚書者延學道教之大司徒馬森其著也嘉靖辛卯督學潘潢試優起貢授都昌訓導再補定陶陞無為州學正致仕歸年七十辛三庠俱祀于名宦學道體不勝衣言若不出口向道甚勇為教官上謁諸司不肯效世俗屈體諛詞所著原教録二卷

吴紳

吴紳字克服莆田人憲副希由仲子弱冠授胡敬齋居業録勵志捧誦嘉靖丁酉鄉薦教諭德

興益肆力心性之學講授諸生擢知桐廬縣每師程伯子僉晋城遺意時倭寇軍興譜學不少輟尋擢常州府通判趙文華視師憑寵凌鑠守法吏勢張甚紳不能俛狥遂投牒歸卒年六十有三紳性恬淡自筮仕至掛冠囊不滿數金獨喜賑族姻脩宗祠增祭田無吝愛也自壯歲至易簀惟譜學是務及門五六百人所著易通鳳山初言志學錄等書子日强辛酉鄉薦同知杭州府

陳紳

陳紳南平人正德鄉薦守陳能辟訓郡士盡遵其教知湖廣寧遠縣地介西粤苗氓錯居難治紳徧歷山峒諭以禍福諸酋帖服三載邑大治以便養請授廣州抵家值母喪過毁而卒士林哀之

論曰予聞之先人莆有篤行君子不虛哉先人所友莆二林曰賢曰學道來閩輒館于家學道閑閣講誦賢好登臨嘯咏先人治具追隨各有

自得意予齠齓時二先生㝡以哲四十年所儀刑目睫間顧予不淑漸負之謂何賢字國賢九牧之裔甫志不列其行事近柯黄二子續志始附名孝行謂宜補傳賢為諸生嘗辭廩侍養先人屢言其慷慨有士風烈云

陳靖

陳靖字道卿莆田人以祖仁壁爲陳洪進别駕勸其納土宋祖嘉之授靖陽翟主簿太宗朝契丹犯邊靖上五策改將作監丞太常博士以議均田法稱上意召見賜食遣之又以爲京西勸農使旋以朝議異同出知婺州再遷尚書刑部員外郎真宗時歷度支判官京西東轉運使知泉蘇越三州後以秘書監致仕靖多規畫農事

尤詳卒贈尚書左僕射于甲戌年進士大理寺丞

羅彧

羅彧字仲文長汀人太平興國二年進士授將仕郎大理評事雍熙間知忠筠成三州所至有惠愛壇淵之役以屯田職方員外叅寇準軍事全乞和副曺利用報聘還即丐休特除諸路提點使賜錦衣玉帯仍知本州道病卒

李虛己

李虛己字公受建安人第進士累遷殿中丞提舉淮南來場知遂州以治最賜五品服遷屯田員外郎通判洪州召爲侍御史出爲荆湖南路提刑徙淮南運副累遷兵部郎中以龍圖待制判大理寺仍備勸講久之丐外真宗稱其儒雅特遷右諫議大夫出知河中府召權御史中丞進給事中知洪州遷工部侍郎徙池州分司南京卒虛己立朝有大節歷外服所至著聲

黄震

黄震字伯起浦城人進士及第累遷著作佐郎通判遂州東川軍士以賜錢未及謀變震諭給之明日詔至後由都官員外權江淮發運使李溥溥者丁謂黨也自小吏至發運十餘年贓私狼籍震至官盡發其姦溥坐廢震亦爲溥所誣奪一官罷謂貶乃復原官知饒州徙廣東轉運使卒

張傚

張傚字希古崇安人第進士崇仁令脩粹堰萬

全陂以資灌溉鑾寇近境窺覦有備引去後監鎮州糧料真宗幸澶淵聞其名累遷太常博士仁宗時歷知容亳泰泗岳聲六州官至工部侍郎

徐確

徐確字居易莆田人元豐五年丙科尉永泰嚴禁屠牛令子病思啗牛心屠市一犢將殺之犢啣刀奔尉治確命跡所往驗治屠者送牛承天寺提刑祖無擇刻石記之蔡京與確有舊京入

相確當政，官款晋講議，固辭，知象山縣，提舉兩浙常平，考禹貢三江自封家渡右江開浚至大通港，直徹海口，計七十里，疏水患。後守江州，中使令具舟載花石，確拒之。陳瓘謫居，確時往來貽書蔡京，宜平宿憾，入為刑部員外郎。辛子師仁自有傳。

張詵

張詵，字樞言，浦城人。第進士，累遷著作郎，通判越州。神宗朝為夔路轉運判官，以功加直集賢

院陝西轉運副使召對賜金紫加直龍圖閣知
秦州申飭將吏無射獵羌地羣羌感悦玫天章
閣待制知熙州破董氊斬首萬級元豐初加龍
圖閣直學士知城都府通議大夫知杭州未行
復命經略熙河事哲宗朝以正議大夫祠読孝
友不殖田業善行可紀以建拓盧夷地見説清
議

葉康直

葉康直字景温建安人第進士知光化縣教民

陶瓦以絶火患民歌之曾布行新法以爲司農屬歷秦鳳轉運副使以西征忤内官被訐奏神宗將殺之王安禮力救得免元祐初加直龍圖知秦州改知河中府復爲秦州夏人侵甘谷康直戒諸將設伏殲其土酋遂不敢犯進寶文閣待制陝西運使知亳州召爲兵部侍郎卒

方會

方會字子元莆田人熙寧進士揚州司法參軍以薦移建州教授知越州充兩浙安撫使上所

撰水戰法在越五年善政尤多政和二年召對
徽宗獎諭再三卒贈太師塟壽春之羅山

周純

周純字潛文龍巖人治平進士知建安縣改普
寧項城元祐初蘇轍在翰林舉純治賦自御史
臺主簿提舉江西常平救荒著績歷京西運判
淮南提刑入為戶部員外郎出知應天府出直
秘閣致仕家居不殖田產一室東湖僅蔽風雨
弟綍熙寧進士戶部員外郎與兄齊名

謝手成　應

謝手成字子立晉江人用父徽蔭歷大理評事熙寧中累遷內庫藏使知宜融廉諸州廣西鈐轄洞蠻侵悉討平之合浦禦賊築城浚濠爲一路最元祐中卒官邑人祀之

章楶

章楶字質夫浦城人頻之孫以世父得象蔭補官試禮部第一進士及第累遷直龍圖閣知慶州言夏人嗜利不有懲艾邊不得寧乘便出討

設伏敗之斬獲甚衆哲宗朝論邊事稱旨命知渭州城平夏有功屢敗夏兵後夏主親將圍城進攻不克一夕遁去楶乘其弛備夜襲其將執之夏人震恐連擢樞密直學士龍圖閣端明殿學士徽宗立拜同知樞密院事以其子緈爲閤門封推官便養踰年謝事授資政殿學士充太一宮使卒贈光禄大夫謚莊簡楶七子皆顯仕緈綜最知名

丘允

丘允字執中福寧人元符進士欒城尉調知臨湘縣下車釋寃獄十餘人改知鄧城除官市之害民德之又調新建時道流怙勢凌人允繩以法道流訴于朝大臣歆罷允徽宗不可調知柳州論廣西塩課積弊朝廷下其法于兩廣高宗時上疏極言時政闕失除知惠州致仕卒贈左朝請大夫

李彌大

李彌大字似矩連江人侍郎彌遜之弟也崇寧

進士除校書郎歷御史中書舍人白鍔者童貫黨也走馬承受不報師期彌大論奏諤坐除名彌大出知兗州移鄆州召為給事中尋拜禮部侍郎以議城守不合罷尋除刑部尚書河東宣撫副使後歷知陝州河東淮寧府召為吏部侍郎戶部尚書兼侍讀呂頤浩視師以為參謀官繳奏忤旨出知平江府被論奪職復起為工部尚書以言者貶兩秩卒弟彌正字似表宣和進士為秘書省正字遷校勘與脩寔錄終朝奉大

夫吏部郎中

蕭韡

蕭韡字崇仲，龍溪人，大觀進士，尉古田，調南康丞，遷福清，有誣告為妖術者，韡為辨雪，全數百家。知南恩州，教民植刺竹，禦海寇，寇不敢犯。擇秀民教之，復其家，丐祠里居二十六年，不以私事干公府。守林孝澤欲薦之，力辭，卒年八十九。二子以在薦得官。

薛元鼎

薛元鼎字叔雲興化人紹興進士歷權户部左曹郎管劉子五上遷秘書丞兼太子侍講淳熙二年提舉浙西被旨視太湖盡得江流曲折壅遏之狀奏開運河五十四里公私稱便除户部左曹郎官被旨往秀州奏郡縣窘束難以一歲計其羸縮頃之除吏部尚書兼諭德以母老求補外不允五年兼權給事中護母喪歸及境病卒

宋棐

宋棐字材成莆田人政和登第建炎初知餘干縣徙知邵武紹興中入為金部員外郎扈從幸建康留總大軍錢粮調度兵食不擾而辦秦檜專政棐遂奉祠召為太府少卿使金具述答語以聞遷太常少卿權礼部侍郎知紹興府兼浙東安撫使明年金入淮甸棐鎮以無事除敷文閣待制提舉江州太平興國宮凡五年上五章納禄以通議大夫致仕卒年七十八累贈少師子煜歷知脩賓惠三州皆有聲曾孫翊直煥章

閣亦有時名

徐的

徐的字公準建安人第進士欽州推官請徙州治興役夫同勞苦城成民便之累遷廣西提刑湖北轉運使揖江陵府事遷江淮浙西轉運工部郎中直龍圖閣被命撫之盡降遂除度支副使荆南安撫至桂陽降者復反悉討平之

林栗

林栗字黄中福清人起於寒微始生有落星之

異紹興中進士累官兵部侍郎卒謚簡肅衆有治才全人請和約為叔侄衆上封事極言不可又言今日國體有四病四病之中名為風虛言甚切直但性剛褊好勝與朱子論易不合遂肆攻詆為世所譏

論曰子聞孔子相魯不克終又沮封於齊皆晏嬰為之晏子固孔子罪人仲尼終身嚴事焉不以異己掩其所長也林侍郎悻悻自好固非平仲匹立朝建白不為無補予故叙列於名人以

見朱子之道即孔子之道也雖然昔之詆朱非吾黨也今之詆朱則吾黨也昔之詆鄉隣而鬬也今之詆子弟而侮也游言倡則士習靡嗚呼其可懼也夫

鄭昭叔

鄭昭叔字顯仲寧德人太學生紹興間知仙遊縣朝廷行經界法昭叔覃思旬月始定差保正長副又為陳說大意人人悅從後朱子守漳取經界次第申諸司乞上之朝昭叔時致仕家居壽九十六

張維

張維字振綱南平人紹興登第孝宗時廣西提

刑召對言不可以小康為太平上嘉納之除帥廣西戢吏安民招懷蠻獠桂人生祠召為江東轉運副使兼董屯營加秘閣脩撰召論軍務得失留為左司郎中政司農少卿

常挺

常挺字方叔連江人嘉熙二年進士太學録遷監察御史兼崇政說書疏五事皆切時弊遷太常少卿累官工部侍郎改寶章閣直學士知漳州召為兵部尚書兼權禮部進帝學發題終㕘

知政事

吴季發

吴季發字宗勤連江人與伯兄巖起同淳熙鄉薦為司户參軍歷天章閣待制右司諫喟然吾親歿矣在位尋匪人不去寧無愧乎遂乞休

趙師楷

趙師楷字清之宗室榮公之後世居福唐父伯壽任漳幕家焉師楷紹興登第簿南安兩奉嶽祠改浙漕幹官知湘潭用薦召對論邊事稱旨

除提舉左帑改倅惠陽俱有聲守撫州除廣東市舶計度轉運使攝帥事被召首陳正心之說除太府丞尋直秘閣知建寧府進寶章閣帥廣東卒于官五子一孫並以澤補官

方廷實

方廷實字公美莆田人政和五年進士累官御史臺檢法秦檜主和議虜使至廷實極疏和議之非除監察御史尋以宗正少卿被旨宣諭三京淮北廷實先謁陵寢見永昌諸陵皆驚犯泰

陵發掘暴露解衣覆之還見上涕泣具言大忤秦檜請外益力除直徽猷閣福建提刑至則首請解官贖胡銓罪檜益恨之改知泉州未上復除廣東提刑有挾檜勢作威福者按劾不動遂乞祠未報卒于官廷實在朝所薦士如林安宅龔茂良何大圭極一時之選

劉敏求

劉敏求字好古晉江人紹興中為大理評事乞禁監司郡守所舉贓亂從之累遷刑部侍郎刑

定新書平治大獄皆有治末以秘閣脩撰知南劍州改臨漳卒官原本有誤字

俞豐

俞豐字應南邵武建寧縣人乾道進士建陽尉以不利捕盜賞格為樞密劉珙所重調教郴州繼辟四川茶馬幹官改秩濛陽令累遷司農丞出知秀州先是郡所筦庫十一所年息錢八萬貫多為官吏侵漁豐條奏罷免之最聞除部郎再除浙西提舉改浙東提刑就除直秘閣太常

少卿累遷中書舍人繼除吏部侍郎因旱求言自嘆職在獻納不可為立仗馬因上言人主當振紀綱不可假外戚以柄一日入朝見蘇師旦在班列衆趨之遂引年求退乃除文華閣待制奉祠再除中順大夫致仕

高曇

高曇字子雲福寧人舉進士為太學博士遷善作郎兼皇孫平陽王教授對便殿稱旨御批劄送中書趨出上目送至及門駕乃起嘗脩乾道

會要進朝散郎

林存

林存字以道閩縣人第進士受業真德秀累官吏部侍郎中書舍人直學士院兼侍講時參政蔡抗予祠存繳奏寢其命寶祐中顧問稱旨除禮部尚書兼侍讀累遷同知樞密兼知政事後以資政殿學士知建寧府乞祠不赴起湖南安撫使知潭州

上官渙酉

上官渙酉字允之邵武人嘉定進士蘄春尉辟本州防禦推官再辟廬州觀察推官除主管三省樞密院架閣文字改差判鎮江府被檄視東湖堤岸規畫有條公私稱便除知真州兼淮南運判有備禦功以梁成大劾請祠端平三年知池州兼提舉江東常平茶鹽坐詿奉祠歸淳祐更化除右曹郎官進三疏除大理少卿尋爲正復有論列遷起居舍人渙酉忠實無所附麗當事忌之除敷文殿脩撰提舉亳州明道宫寶祐

二年屢疏請老進集英脩撰致仕積階朝議大夫卜居吳門棟宇僅蔽風雨弟渙然

上官渙然

上官渙然字文之兩薦賦首以渙恩補將仕郎尉鄞縣以直民枉為權門所擠制使趙以夫宴餞作歌人以為榮後除無為軍錄參淳祐元年第進士典教安豐制使李曾伯辟置幕下詣采石為虜所襲設策宵遁轉奉議郎知全椒縣應丞相趙葵辟制使吳淵一見偉之不聽還邑凡

軍府事悉與參決規正為多薦于朝擢幹辦行在諸軍粮料院輙有論列改監簿轉朝奉大夫未幾以言者與祠歲餘除司農卿左遷右司郎官奉祠卒涣然孝友剛方俸禄分給女兄之嫠及故舊貧者

黃伯固

黃伯固字德常南平人紹興進士知上高縣扶弱抑强豪右屛迹節縮財賦羡餘悉畨縣帑毫髮無私累官制置使兵部侍郎卒贈少師謚忠

簡

許應龍

許應龍字恭甫閩縣人嘉定進士累遷宗學博士理宗即位首疏正心為治平綱領丐外知潮州有平寇功又授漳帥齊敏方畧群盜悉平召為兵部侍郎兼學士院進端明殿學士簽書樞密卒謚文簡應龍在潮治兵不妄殺居政府不妄薦人

詹淵

詹淵字景憲崇安人調臨江户曹掾善折獄他郡民求質上司皆請屬淵相語寧為户曹所非不為他官所直

顏振仲

顏振仲字景玉龍溪人用祖師魯任補將仕郎安溪令嘗直尉所誣執為盜者守游九功褒異之改倅莆陽尤篤意學校攝郡時籍廢寺田以贍生徒積官朝散郎弟耆仲頤仲

顏耆仲

顔耆仲字景英用祖任補官初調海口鎮官鎮人生祠之遷知鄞縣倅臨安府寶慶三年第進士除知江陰軍召為吏部郎中歷右司直秘閣兼淮東提刑扁所居曰知守積官太府少卿奉祠耆仲所至以崇學校獎節義為先家居買田置莊以贍計偕者三子俱登仕籍

顔頤仲

顔頤仲字景正理宗時以祖澤補官尉寧化丞西安尋知其縣皆有美政改轉運司幹官通判

臨安府端平初除將作監簿知泉州明年入為
司農丞攝金部郎官除直秘閣浙西運判撫定
禁軍除户部郎知臨安府浙西安撫辛復倅語（原本有誤）
迺誅有罪以尊國體進將作監兼領府事言中
外弊事甚悉明年進太府少卿京尹如故嘉熙
初以直秘閣奉祠復除廣西轉運判官奏旨報
可三年召赴行在奏事乞下哀痛之詔以回天
意除太府卿遷司農四年兼補户部侍郎以直
寶謨閣知寧國府淳祐改元除浙東提刑尋奉

祠二年起知泉州以秘閣脩撰兼福建提刑减商税除盜賊掩骼字孤民甚德之四年知温州五年知慶元府沿海制置使七年進寶章閣待制制置仍舊值歲祲設法賑貸全活甚衆八年除兵部侍郎十二年召為刑部侍郎除權兵刑二部尚書兼知臨安明年擢吏部尚書以寶章閣學士奉祠請老家居尤力于行誼景定三年卒子孫弟侄皆以任補官

危昭德

危昭德邵武人寶祐進士歷史館校勘武學諭
宗正簿兼崇政殿說書遷秘書郎疏言國命在
民民命在士大夫浚民膏血不堪命矣又上屬
民四事遷起居舍人兼編脩檢討尋擢殿中侍
御史諫作宗陽宮權工部侍郎同脩國史實録
乞休特轉一官在經筵進講規正甚多

陳模

陳模字端行晋江人乾道進士歷大理寺正知
漳州節浮費五萬代民輸丁身錢提舉湖北常

平召除倉部以左司郎官接伴金使舟行大江中流風起金使駭汗樸語笑自若使竦然敬憚之擢太常卿知廣州安撫以帑餘數十萬上于朝

王克恭

王克恭字彥禮南安人淳熙進士教授循州改知寧德縣以最聞通判廣州與兵討海寇大捷辟知新州奏減丁米錢民德之累遷度支駕部郎官奉祠歸起知興化諭平民為兵謀變者在

郡五月卒

劉崇之

劉崇之字智父建陽人第進士為大府丞應詔上書光宗受禪遷著作郎復丞太府請朝重華宮除太常丞權兵部郎中朱熹罷經筵崇之率同僚詣執政留之以學禁興請外得湖南常平言者論周必大并及崇之與祠久之提刑成都府應詔陳九事除户部郎中領四川總餉以吳曦叛被論削官永州安置開禧中蜀帥安丙表

其不汙之節詔復元官奉祠

劉克莊

劉克莊字潛夫莆田人夙之孫嘉定初用任補宣教郎知建陽縣李知孝梁成大箋所詠落梅詩指為謗訕丞相鄭清之力為辨釋通判潮州改吉州除樞密院編修兼權左郎言權臣壞朝綱閒遺孽又言莒川事出追脅其冤未雪皆人所難者除知漳州嘉熙初改知袁州坐先言濟王事為御史蔣峴所論與方大琮王邁俱罷歸

後擢廣東提舉攝舶事俸給例券皆不受買田二百畝以助仕南物故者淳祐四年除將作監改直華文閣提舉如故六年令赴行在奏事除太府少卿既至復面進三劄賜同進士出身除秘書少監領史事兼中書舍人史嵩之服闋除職予祠克莊封還詞頭論奏不已為侍御史章琰劾罷尋依舊職知漳州就除福建提刑直秘閣便養內艱服除復崇政殿說書史館脩撰尋除起居舍人進言愈切除右文殿撰知建寧府

以鄭發疏論褫職予祠景定元年賈似道還朝歷權工部尚書兼侍講引年乞休除煥章閣學士守本官致仕咸淳四年加龍圖閣學士明年卒八十三謚文定真德秀嘗稱克莊學貫古今文追騷雅惜其晚年爲似道一出

杜庶

杜庶字康侯邵武人杲之子侍父軍中累著戰功用任補官元兵圍安豐宋將領不相下庶調護之悉力捍禦杲帥淮南辟機宜文字廬州圍

解入朝奏事諸將餽贐皆受之及歸悉反所餽
除籍田令制置機宜監呂文德聶斌軍與元戰
于朱皐白冢俱捷遷將作監簿通判和州権知
真州差知興化軍奉祠起知邕州改潮州遷將
作監丞以司農丞知和州陛辭言天時不可幸
地利不可恃人和不可保付邊事于素不諳練
之人未見其可尋兼淮西提刑知真州兼淮東
提刑踰年進直秘閣移淮西兼廬州安撫副使
加刑部郎中升寶文閣與元兵戰于望仙白沙

城升直華文閣開慶初進大理少卿淮東轉運副使特授兩淮制置使知楊州射陽湖饑民嘯聚庶曰吾赤子也遣將招刺丁壯萬餘人戮止首惡數人明年四月火抗章自劾召赴行在直寶文閣知隆興府江西轉運副使時值賈似道嫉庶劉正具忘其功能誣以軍興侵用與向士璧趙葵謝枋得俱逮獄累及妻子庶竟坐死聞者寃之

黃夔

黄夔字一之晋江人旦之子蔭補歷知七州以廉惠稱宜溪蛮與卒合為寇部使者辟夔為守至峒殲其酋諸峒送款事聞遷三秩五嶺瘴鄉仕者計日待遷夔往来三十年家人無恙

薛季良

薛季良字傳叟莆田人以祖元肅任補官調廣州司理得誣懇殺女奴獄釋之帥崔與之檄招撫叛卒事平帥漕交薦召赴都堂審察乞脩實德實政以囘天意除登聞鼓院遷司農丞乃外

知潮州，㙊使議增潮筴，季良抗論，遂寢。嘗扁所居曰廉村。

王都中

王都中，字邦翰，福寧人。父積翁，外傳。都中生三歲，元授順昌尹。七歲，賜平江田宅，特授平江路治中。時年十七，決事咸當，僚吏不能欺。秩滿，除浙東宣慰副使，覆案金華殺人獄，得其情，并罪屬吏受賕者。改柳州路總管，撫治峒獠，恩威並濟，人皆悅服。轉饒州總管，歲飢，以倉粟米減其直令民就糶不待報行之毋憂去郡民立生祠復除兩浙運使未上擢海南北道廉訪遷福建轉運使都元帥拜河南行省叅知政事道病歸元主閔其老家拜江浙行省叅知政事至元元年卒贈昭文舘大學士謚清獻都中歷官四十餘年所至有聲南人位登省憲者惟都中一人所賜田宅外不增一疃子孫後居平江

林泉生

林泉生字清源永福人元天歷進士同知福清

州平山海巨盜除泉州府經歷選授永嘉縣尹覈監守隱田為民輸賦調漳州府推官畬峒相戒不敢為亂陞知福清州紅巾亂泉生立保伍嚴倫長樂民有私受賊官爵約為內應者廉其實誅二十餘人賊悉遁去除翰林待制以母老辭改行省理問尋陞郎中汀寇負固往撫定之陞知漳州未行召為翰林直學士知制誥卒謚文敏泉生負才畧不能為人下故多謗晚更折節為文雅健詩尤豪逸

林興祖

林興祖字宗起羅源人至治進士推官延平同知黃巖州知鉛山州以計捕造僞鈔豪民吳友文并其黨百人寘之法陞知南陽建德路同知未行遷隨州又遷道州路總管入境獞賊迫道境僅二十里湖南副使帖木兒屯兵城外以乏軍需欲退興祖夜詣其營許所須寶鈔銅盾且入視事即以恩信輸諸塩商鈔盾悉備帖木兒大喜遂留禦賊賊悉遁去永明縣峒徭竊發興

祖書手榜諭之皆曰林總督廉而愛人不可犯也三年不入境憲司考課諸道爲最後致仕終于家

論曰人亦有言盤錯别利器宋季偏安江左權邪内蝕邊寇外訌士大夫鞅掌拘牽亡以自效甚哉其難爲也諸君子布列中外補偏救弊所措注皆卿材二林委質元庭雖非純潔然亦守臣之能者並附之

阮嗣

阮嗣字彥恭連江人洪武間貢入太學授連州判有政聲譚應真者巨盜也擁衆鼓亂嗣往諭解之州人爲立碑頌德擢户部主事積官交趾布政使永樂間以老乞歸

吴源

吴源莆田人嘗爲陳有定幕客洪武初以明經教授本府用薦詣闕召對稱旨拜四輔以老乞

歸明年起爲國子監司業卒于官

林環

林環莆田人永樂丙戌進士第一歷翰林脩撰侍講預脩永樂大典扈從幸北京被寵眷卒于官年四十

劉道旻 通志作河道旻

劉道旻字伯清邵武人洪武中貢入大學授大理評事時有大獄久不決

高皇疑大理官受賕道旻力辨得釋遷監察御

史奉命往四川按齊卹獄事稱旨陞江西副使討平贛賊調湖廣坐事免官永樂起僉憲廣東發憲使羅某奸利首奏黜之行部雷陽脩廢閘溉田七十萬頃民刊石頌功宣德初知永州府請老歸道旻官歷四朝所在著聲家居自奉甚薄待群從宗族有恩

劉宗道

劉宗道名馴字以行龍溪人少為郡吏守胡宗華與語異之諭令業儒洪武間舉茂才宗道對

策第一賜宴便殿布衣侍坐尋拜都察院左都御史狂犬升御坐詔求直言宗道陳二十事上嘉納之同官郜質者為人刻深衆莫敢言宗道於上前數論之質謀其黨給事中董希曖誣以他事從南詔不久貰還所過都邑持之宗道托播州待命上疑宗道久不至遣官督其家族大索之父至蘭陵憂卒宗道在播州聞父死不勝哀憤即赴水死

林瑜

林瑜字子潤龍溪人洪武中以太學生選授五軍斷事權江西僉事辨贛豪殺妻獄寘諸法又盡獲安福强盜逋誅者陞其司副使轉浙江叅政坐事被逮卒于官瑜仕宦二十年自奉若韋布和厚樂易所至得士心

雷吉生

雷吉生字祐之建安人永樂進士監察御史按江西湖廣山東稱有風裁高煦謀逆吉生以聞不報後煦誅連坐巡按者吉生得免尚書李慶

方有寵任情恣肆吉生露章劾之忤旨謫交趾宣化知縣交人新附畏吉生嚴明計酖之後李慶敗擬召用吉生已死

黄童

黄童字仕穉政和人太學生歷陜西按察僉事左遷寧遠縣丞永樂初起監察御史出按南畿平望八尺盜藪也童託爲商以舟載粟賊至詔以灰水洒之質明捕治無得脱者多巡檢司弓手云奏置石堤湖中爲水門以時啟閉盜遂衰

息嘗于道見巨蛇昂首若有所訴令人尾至園中發其穴得殺人者主名人以為神卒官廣西副使

劉孔宗

劉孔宗字于海晉江人永樂甲申進士時選進士二十八人入文淵閣進學孔宗與焉歷官户部郎改刑部宣德初採木荆南進湖廣叅議調山西群小憚其威明誣以贓少保于謙謂孔宗持己過嚴與人寡合疏其枉得釋正統五年力

請致仕家居二十年以壽終

黄仲芳

黄仲芳字時茂甌寧人永樂甲申改庶吉士後除東陽知縣首鋤豪民及胥吏為民患者歷湖廣參議奉勅選將平麓川靖遠伯王驥舉以自副時巨閹王振竊弄威福仲芳自外疏論之既而振敗得免遷雲南參政卒于官

鄭建

鄭建字宏中懷安人宣德五年進士改庶吉士

通判南雄府奏蠲逋負逃民復業調處州處有銀鑛爭訟累年建爲平理之會閩寇鄧茂七反轉掠處州建寧壯士守龍泉與子黼俱督戰甚力前後斬首五百餘級散遣脅從還所俘三千餘人使者上功陞同知其府仍增俸後官浙江按察僉事

林文結

林文結字嘉亨侯官人與兄文秩同舉永樂進士選庶吉士授審理改判岳州府文結早有盛

名宦不達能自砥礪佐郡簡靖民便之常主試雲南中途有以黃金數十斤求薦者峻拒之

雷璲

雷璲字有融建安人永樂進士選庶吉士預脩國史拜御史按雲南奏劾内使不法十九人代還坐語音不正謫知蕪湖縣用薦起浙江僉事獨持風裁計勦處州山寇勅視閩浙海道八年

辛

諶賤生

諶賤生邵武人太學生授岳池典史佐令述職至京坐事下獄岳之耆民二十餘輩訴諸朝且言典史廉介有守得釋陞四川按察僉事列名彰善録

論曰鄭僉憲林審理劉黄二叅藩始皆甲科入翰林讀中秘鄭又試孔明禮樂可與論第一可不謂榮遇哉顧中道棄之部僚郡邑雲翼棲棲似乖其用矣數子自振勵令名無窮焉易所謂晉如摧如孚裕無咎者歟士大夫一蹴清華覬

覘津要稍失意不勝慚沮視先輩度量相越何遠哉

方員

方員字茂規永福人宣德八年進士歷行人監察御史廣西參政廣東按察使員持己嚴在廣最久精法律政多便民民懷之

陳琦

陳琦字公琰福安人永樂進士累官江西按察僉事行部至筠值大旱引咎虔禱甘雨隨至一

日坐堂上巨蛇翹首若有所訴令人蹤之得古井遺屍逮捕伏辜人以為神

吴璽

吴璽字信玉邵武人永樂鄉薦歷兵部武選郎至戶部侍郎皆有能名正統間邊獻馬

上問該部日用芻粟幾何邊郡所儲幾何璽以疾在告同官謝不知上怒逮獄辭連及璽謫戍威遠或謂盍上疏自理璽曰本同事復何辭先是柄臣有干以私事者璽拒之至是中以危法

遂卒咸遠

劉隆

劉隆字伯盛武平人永樂甲申進士推官南昌府改廣西太平入為監察御史按浙江宦官王金童課青田民不堪命聚衆殺之上怒欲屠其城隆奏誅首禍數十人而已陞山西僉事滿九載以巡撫于謙薦擢其司副使陞太常少卿以疾乞歸隆歷官四十年剛介如一日

花潤生

花潤生字蘊玉，邵武人，永樂進士，知古田縣，教民種藝，興學造邑子弟，稚多善政，改知泰和、鳳陽二府，陞浙江市船提舉，尋陞按察僉事，正統己未同考會試，調任提學，年七十致仕。潤生歷官有聲，性剛介，歸田之日，行李蕭然。

葉宜

葉宜字子義，南平人，永樂進士，同知銅仁府，拊循有方，擢户部郎中，知衛輝府，聽訟清簡，吏民畏而愛之，陞浙江參政，致仕。其在衛輝，蝗為災

禱于城隍忽有群鳥飛食之蝗盡而鳥死矣宜
命為大穴瘞死鳥祭以文

潘榮

潘榮字尊用龍溪人正統進士吏科給事中時
有旨治諸言事者榮疏請開言路宥狂直從之
天順六年使琉球還擢都給事中成化六年陞
南太常少卿轉户部侍郎改南副都御史仍督
粮儲十七年復為侍郎二十年陞户部尚書滿
考乞休從之卒年七十有八贈太子少保榮為

人平易坦直有大臣之度

陳遜

陳遜字必恭浦城人永樂進士監察御史清河閘鹽政奏逮運使梅應魁而下數十人巡按陝西劾布政楊恭副使韓春等春誣遜他事自經死

上知其誣命籍春家遜復按南北直隸時呼陳埽箒以奸弊埽除一空也歷雲南參政右布政使卒官囊無餘貲

張誠

張誠泰寧人永樂進士為監察御史巡歷交趾劾中貴人又按浙江湖廣皆有風裁

陳泰

陳泰字吉亨邵武人其先贅曹氏從其姓泰為御史始復姓陳云泰領永樂鄉薦訓導安慶正統初擢監察御史按貴州復按山西山東舉刺不避陞四川按察使有誣奏其杖殺人者下刑部獄

上察其非辜復職景泰改元晋大理少卿守倫
白羊口改僉都御史巡撫四川後陞副都成化
間卒

高旭

高旭字時旭侯官人宣德進士吏科給事中改
兵科正統中擢江西督學僉事後罷各省提學
旭仍分巡其地蒞政寛恕議獄多平反卒于官

楊丹珉

楊丹珉字德玉南平人由太學生永新知縣有

鋪長謀殺商人誣繫甚衆冊珉至廉其實殺人抵罪誣繫獲免歲旱禱雨報應蝗不入境改令溧水遷光禄署正泰州同知正統元年致仕

黄琛

黄琛字廷獻將樂人正統進士户部主事督儲蘇松有聲旱禱輙應人呼為主事雨歷員外郎中被命賑淮北全活者甚衆擢江西叅政進其司右使為政寬簡民安之會峒冦作衆議據要害候其出擊之琛曰賊所恃山谿之險安知所

謂戰耶當乘其不備直搗巢穴可繫而俘也緩則養彼之銳幾事害成遂夜攻砦俘其酋餘黨悉平以平寇功轉浙江左使尋陞南戶部侍郎巡撫四川二年還京卒子謙謹俱補官

吳原

吳原字道本漳浦人天順進士兵科給事中憲宗即位陳正心任賢五事四年與同官上疏溥恩澤廣聖嗣忤寵妃被譴十五年陞都給事中久之擢太僕少卿二十二年進戶部侍郎總

晢京儲弘治五年兩浙大饑勅熏僉都出賑明年召還以疾卒原性寛和與人有恩意同鄉在京物故者皆至其邸視斂不避寒暑人以為難

温儀

温儀將樂人正統毗鄉薦推官温州府廉慎善折獄平陽有葉菴儀率兵擒斬還所俘又平泰順有功進秩五品

車寧

車寧字子静閩縣人正統進士歷户工二部郎

改南吏部郎中湖廣叅議廣東叅政官終廣西
左布政使寧有權畧其叅湖藩也單車詣保靖
宣慰諭以
朝廷威德夷酋歛手聽命在兩廣復申諭蛮獠
皆歸附為編户出賦税事聞
賜金幣加勞之

何宜

何宜字行義福清人正統進士户部主事累遷
職方郎中成化初　索羅數入寇宜屢規畫本

兵賴之擢浙江參政江西右布政使卒子官

林錦

林錦字彥章連江人景泰鄉薦合浦訓導以知兵聞時廣寇充斥巡撫葉盛檄攝靈山未幾為令詔許乘傳之官錦單車叩壘諭降甚衆勦其不服者斬獲無筭督府上功擢廉州同知都御史韓雍薦為廣東按察僉事駐廉進秩副使錦坐鎮賊不敢犯又完城壁開山通道積穀倫歟為廉數世利雄畧敢為而謙抑甘澹泊莆田彭

詔稱之

馬馴

馬馴字德良長汀人正統進士歷户部郎督儲宣府陞四川參政轉餉不乏冦平論功進其司右使尋轉左在蜀十三年擢副都御史巡撫湖廣隣封歲飢流民聚三楚數萬馴設法賑之又以災變奏減湖湘歲賦請老歸卒年七十六

趙榮

趙榮字孟仁閩縣人永樂間入京師時于四夷

館與諸酋互市習其語音又工楷書數依從舅翰林薩琦家閣臣楊榮一見器之謂孟仁貴于其舅召入閣下給事楷書尋授中書舍人直文淵閣正統已巳駕北征土木之變敵屯德勝門
朝議使北莫應者榮毅然請行拜大理少卿攝鴻臚寺卿往北營說也先朝
上皇于土城行時大學士高穀義其所爲解犀帶贈之使還辭前職改太常少卿尋擢工部侍郎景泰元年七月復偕楊善使北天順元年英

廟復辟録榮前功陞工部尚書五年七月逆閹
吉祥犯闕榮聞变親督家人并壯士百餘助官
軍擊賊事平宰相李賢以聞命兼大理卿官其
子世錦衣千户後榮致仕奉朝請卒賜塟京師

吴復

吴復字克禮閩縣人永樂間知印藩司滿考授
太平豐濟倉大使擢海塩簿改吴江以才著遂
擢其縣令景泰間歷工部郎治河有功命督易
州柴炭廠天順復辟超拜通政轉工部侍郎仍

駐易州久之引年乞骸骨易州吏民詣闕請留復逦丐肴墓上知其意逦下前疏得射輔臣李原本有誤暨為文贈之

雷塡

雷塡字原中建安人建文庚辰進士授工科給事中永樂二年奉命鎮守蘇松常三郡封章四十上後巡撫廣西卒于官囊無餘貲

潘賜

潘賜字文錫浦城人永樂進士歷鴻臚少卿耆

三使日本不辱朝命宣德中卒于官賜風格峻
整所至有聲

陳亹

陳亹漳浦人正統進士歷考功郎中廣東布政
使文章政事為時輩推重致仕家居卒

蕭永泰

蕭永泰者泰寧人也貢入太學推官廉州府廉
有寇攻陷郡城嘯聚山谷間永泰親詣賊壘諭
以順逆皆解散居六載陞州同致仕

論曰二司空皆以雲霄之翼阽于泥塗榮起布衣落魄京師復由椽史卑棲小官非遭遇其時安能依末光聽履星辰之上乎榮兩使北廷曹欽之變提孤軍出死力竟脱虎口以垂令名士大夫平居口詩書忠義自許臨毛髮利害即卷舌容身能如榮所爲者幾人復非榮匹亦以幹濟材得至卿佐云

鄭紀

鄭紀字廷綱仙遊人天順進士改庶吉士授翰林檢討以親老引疾家居二十年再起供職遷浙江提學副使召為國子祭酒以言者改南京通政陞太常卿户部侍郎武廟加元服紀獻聖功圖屢疏乞休進南京户部尚書乘傳歸仙谿岩邑紀力請築城邑人德之卒年七十六子主敬進士户部主事

廖中

廖中字用中順昌人成化進士刑部主事奉命賑陝西飢民尅期散遣無死者陞山東按察僉事弘治間分巡濟南改東兗築壽張堤岸麥始秋以勞進副使改督青州力請致仕中幼喪母事繼母以孝聞異母弟四人睦之如同產在比部時僚友林俊言事逮獄中日使人存恤其家俊謫官中令其弟晟偕行又命一僕送至貶所事具俊集中

林元甫

林元甫字秉仁莆田人成化進士工科給事中改禮科進都給事疏請建國本斥遠物皆切時政遷山東叅政雲南右使轉左陝西火篩寇邊甫軍需無乏陞副都御史巡撫四川調貴州復移雲南以疾三疏乞休從之未幾卒元甫長身玉立美鬚髯居官不苟細立名子有孚正德進士累官僉都御史

黃璉

黄璉字汝器莆田人成化進士南户科給事中陞浙江叅議調雲南陞貴州叅政夷獠雜居鎮以簡靖用薦為其司右使轉左卒官璉在浙時御史張文與璉不相得叅政貴州文謫其司照磨璉屢薦其才遂平宿憾所居東南有田數頃苦旱璉白請鑿渠大有造于鄉人居官清約殁無餘貲

林廷選

林廷選字舜舉長樂人先從樊姓既貴乃復成

化進士蘇州府推官入爲監察御史出按廣西尋擢浙江僉事歷副使廣東按察使左右布政入爲大理卿進右都御史鎮兩廣居久之乞骸骨進工部尚書賜璽書乘傳歸卒贈太子少保逵選爲人內融外吶議論每依忠厚在浙最久凡官舍所需必遣人他省市致兩廣盜賊充斥每事招撫不得已征之多大勳雅尚恬退家居質厚時過其親故雖相耦必爲食人稱其長者

陳寫

陳寓字時安寧德人成化進士知休寧縣歷刑部郎內守備奪民蘆洲寓勘還民且劾其不法擢廣西副使改湖廣進山西按察使卒于官歸笥蕭然寓性孝友尚氣節不怵于利害

魏富

魏富字希禮龍溪人成化進士監察御史按廣西遷浙江僉事副使辨獄賑飢皆有實政弘治間江西按察使擢僉都御史巡撫順天中貴人多納賄為姦藪將須守臣亦倚為地富持憲嚴

明無敢干者以疾丐歸改南大理少卿正德改元陞刑部侍郎三疏乞休乃允富歷仕四十餘年未嘗違道干譽家居淡泊賑乏困鄉族稱之

林璿

林璿字衡玉長樂人徙居郡城成化進士知膠州改莒州歷南戶部員外郎後遷遼東苑馬寺卿致仕璿再領州俱有善政在膠斷疑獄活無辜甚衆莒值歲飢賑恤有方三州人並祀之

王昜

王昂字器之其先定遠人　國初官福州中衛占籍焉父佐領鄉薦教諭鄒平有古君子風昂成化進士知上饒樂陵二縣歲飢舉雇後法給牛具種子復業者四百餘户民立生祠擢監察御史按蘇常諸郡還掌道事遷光禄少卿改丞大理進少卿以事忤逆瑾謫知縣尋陞同知河南僉事入為順天府尹副都御史進右都綰院章乞休賜玉帶馳傳歸家居七年卒贈工部尚書昂法令明審所至有聲仲子鍵鄉薦知常山

縣曾孫以科貢登仕甚衆

林廷玉

林廷玉字粹夫侯官人父芝韓府紀善占籍平凉廷玉舉成化進士吏科給事中轉都工科同考會試佐華昶論主試學士程敏政下詔獄謫判海州遷知茶陵州歷江西僉事廣東提學副使江西叅政入為通政進僉都御史巡撫保定調掌南院有言其執拗者丐休歸閩嘉靖十一年卒于家廷玉為人剛果敏達初舉陝西鄉試

第一雅以文章自許在諫垣上保治八歲又請誅太監梁芳妖僧繼曉上皆察納左遷于外長吏事屢折疑獄人以為神謝政杜門者十數年日引郡中名士置酒高會設樂歌舞有玩世之志正德戊寅閩卒亂廷玉與友高文達角巾造壘諭以朝廷威德遂解散數月復亂又佐守臣職戢定之嘉靖中父老上其功有司立祠并祀文達

高文達

高文達字思德閩縣人弘治進士户部主事請告家居久之起官歷員外郎郎中乃休銓曹上其賢有旨進浙江按察副使致仕文達自其先人家饒于財積而能散鄉人德之然性剛褊好爭是非短長衆皆憚之既歸每自荷笠灌園客有造廬以為其僕也問高憲副安在須臾冠帶出見客即灌園者後因小忿走京師自直道病卒

許天錫

許天錫字啓衷閩縣人弘治進士改翰林庶吉士授吏科給事中後遷都諫天錫性豪爽嫺于文辭省中號敢言前後所上三十餘疏嘗奉
命閱内廐省歲費四十餘萬正德中使安南還逆瑾索厚賂謂天錫使絶域多貲其實天錫未嘗受餽也瑾勢薰灼能生死人天錫懼及禍遂引簪自刺死瑾誅詔恤其家天錫死時鄉人歛之槖罄如也

林富

林富字守仁莆田人弘治進士正德間大理評事忤逆瑾下詔獄謫潮陽縣丞復以大理獄事文致罷歸仍罰米百石瑾誅起袁州府同知寧波知府復除處州陞廣西參政入覲廷旌治行卓異十六人富與焉嘉靖間擢廣東右布政尋調廣西岑猛之亂建策佐幕府具合機宜轉四川左使進副都御史撫治鄖陽兩廣總督王守仁卒以富爲兵部右侍郎兼僉都代之中貴採珠於合浦嚴急富疏言其非嶺東賊王基僭號

海寇黃秀山叛以次討平又勦廣州會寧寇上六事為善後計有詔褒之時以大征多殺奏勿輕用兵與御史異議時宰方獻夫家奪民産富属僉事龔大稔裁以法乞休疏入獻夫取旨囬籍聽勘復文致其罪大稔被逮死富遂落職卒于家子萬潮孫兆金兆箕兆珂俱登第

邱養浩

邱養浩字以義晋江人正德進士嘉靖初知餘姚縣有異績邑人頌之入為監察御史疏劾近

侍陳欽忤旨謫永平推官未行臺諫交奏復職又疏論檢討席春劉夔奔競患失巡山海關論徐國公胄奪邊關屯地千餘頃條邊防十事皆見施行改提督南畿學校擢大理寺丞進少卿僉都御史巡撫四川雜谷納欵諭降白草番夷誅烏蒙羅魁荒徼帖然改江西巡撫有論在蜀劾邊將李爵舉廢將何卿之非者待勘還家後事白起用眷浩已卒眷浩在臺號敢言歷官着能聲被讒不究其用時論惜之

陳毓賢

陳毓賢字則英長樂人正德丁丑進士歷工部郎擢陝西叅議轉兵備山西終廣西叅政毓賢有治劇才超拜藩臬曉暢軍事邊境賴之在廣西有軍功未上卒居官二十餘年橐無長物

黄焯

黄焯字子昭南平人正德進士歷南禮部郎永州知府嚴禁親喪不塟破産飯僧俗為丕變九溪蛮叛服不常師與賦諸民郡有塩引錢前守

卒給私用焯悉貯庫偹軍需以紓民賦遂着爲令擢湖廣叅政致仕歸築園郭外着述自娱非慶賀不入公府居十年卒

林希元

林希元字茂貞同安人正德丁丑進士南大理評事嘉靖初上新政八法遷寺正與堂官議獄相左謫判泗州棄官歸用薦起仍舊官擢廣東僉事改督學政南大理寺丞又抗疏論邉事忤旨謫知欽州主議征安南擢僉事兵偹海北尋

以議征失策罷歸布元家居手不釋卷著述甚富後進大學古本有旨切責卒于家

張經

張經字廷彝侯官人初從蔡氏後復姓經正德丁丑進士知嘉興縣嘉靖間選給事中遷都諫歷大理少卿僉都御史巡撫山東尋召僉院擢副都出鎮兩廣安南莫登庸久不廷詔經與兵部尚書毛伯温協征參政翁萬達兵壓其境登庸請降

上赦不誅擢經右都御史兼兵部侍郎復以平
黎功晉大司馬兼右都仍鎮兩廣守制歸服除
起三邊總制以言者不果用後起户部尚書督
太倉又守制歸倭寇並海諸郡有薦經可用者
起長兵部尋命總制南直隸湖廣江浙閩廣七
省調兵俻倭寇久屯松江嘉興攻城邑殺掠無
筭經請召廣西狼兵禦之大破賊于王江涇功
未上侍郎趙文華者嚴相黨也視師規厚賄不
滿意劾經罪狀逮獄論死人共寃之萬曆中事

白復官賜祭塟謚襄愍孫懋爵補廕入太學

論曰予讀老子書知止不殆知足不辱有味其言矣方嚴趙用事爲非其黨厚通餽遺附爲子姓以𡸁錦擠之喪元可勝道哉張司馬自負其才兼鑒老氏足止之戒彼亦何能措其𠂊肩汲汲自躍大冶必爲鏌鎁無身之日雖有智勇將安所效悲夫司馬雖以譴死其用兵御將帥倫要害實有所長予故附列之名卿

陳則清

陳則清字君揚閩縣人正德丁丑進士知泰州改蘄州又調滁州擢南刑部員外郎坐誣謫判台州府未幾守程番歷藩臬長貳進副都御史巡撫雲南卒于官則清明習法理歷官有惠政在滁賑荒全活甚衆滁人尤德之篤于交誼既貴顯每念舊遊問遺不絕時論稱之

林遂

林遂字元成福寧人鄉薦教諭三縣舉進士歷大理評事寺副嘉靖初陳九事擢湖廣僉事賑

襄沔饑所活萬人進四川副使平酉陽之亂酉陽酉陽人餽金甌十白金四錠悉籍公帑蜀連三歲大旱後麥熟長丈許撫臣以瑞麥表賀遂獨不署名又平反與撫臣有郤方擢貴州參政拂衣而歸遂服食淡泊居官二十年囊無餘貲論事侃侃人不能及

林恕

林恕守道迶長樂人嘉靖己丑進士歷都察院經歷雷州知府官終雲南按察使恕守雷有惠

政濬渠築堤爲民永久利鋤强植弱不避權勢
郡人刻石頌之
陳仕賢
陳仕賢字邦憲福清人嘉靖壬辰進士歷戶部
郎知杭州府後長浙藩終湖廣廵撫副都御史
仕賢寬和事祖母以孝聞其守杭也抗疏論市
舶中貴人不法事敷政平恕杭人德之
陳子文
陳子文字在中閩縣人嘉靖己丑進士知麻城

縣歷户部郎擢知長沙府改池州官終湖廣按察副使始為麻城訟者一見輙記其姓名里居猾胥老吏不能為姦利後擢户部為郡大抵皆倣麻城而治在湖湘以勤民事卒初子文堪有知人鑒教諭貴溪識夏相言于諸生中及子文貴夏相以通家子欲致門下為改美官子文固謝士論益賢之

鄒守愚

鄒守愚字君哲莆田人嘉靖丙戌進士歷户部

郎奏發帑金賑全陝飢勅諸中貴冐蜀葵與為逋逃主者時論壯之擢廣東副使湖廣参政調山東又改河南左使平師尚詔以都御史巡撫其地擢户部侍郎乙卯歲山陝地震陷没數百里命守愚往祭河嶽百神掩骼賑存積勞病卒贈左都御史謚襄惠

翁世經

翁世經字可真福清人嘉靖進士歷户部郎知梧州府官終廣東布政使世經峻潔有才著聲

郎署為郡鏟剔宿弊撫臣下其法于諸郡梧人立祠祀之

楊逢春

楊逢春字仁甫同安人嘉靖進士知崑山縣鋭意仕事不通書餽津要邑人感之刻骨擢南監察御史條陳江北屯田利弊歷廣　僉事湖廣叅議皆有實政進雲南按察副使未上卒

游居敬

游居敬字行簡南平人父綸睢寧令居敬嘉靖

進士改庶吉士授監察御史劾宗伯湛若水講學聚徒陰懷邪僻捕奸黨王冠寘于法時論快之歷浙江僉事廣東副使湖廣參政浙江按察使轉布政使復除山東進副都御史巡撫雲南鎮滇沐國公恣横居敬裁制之沐不能平東州逆酋阿堂篡立作難居敬請合川貴三省兵勦之尋服其辜陞兵部侍郎未代沐國嗾言者論其喜功生事下獄戍碣石隆慶宥歸用薦起南刑部侍郎尋召北疏請羅李二儒從祀切責報

罷上書乞骸骨越数日卒居敬達政體然性剛多忤權貴人故屢奮復躓

康太和

康太和字元中莆田人嘉靖乙未進士改翰林庶吉士授編脩同考辛丑會試進侍講與脩大明會典主試順天歷春坊諭德侍講學士南禮部侍郎東南軍興上安攘四事久之擢南工部尚書癸亥被誣累疏乞體骨會莆有兵事寓橋李三年乃歸卒年八十和起單族孝友質直既

貴且老姊病親進藥人以此多之

王春復

王春復字學樂晋江人嘉靖進士知泰和縣歷南工部郎知贛州府會有採木之役上臺有數事以節冗費閩寇迫雩都執二指揮以逞復親督兵出城四十里而陣賊釋指揮遁去陞雲南副使駐永昌民夷帖然叅政廣西進貴州按察使未上卒春復簡默臨事不可奪嘗著周易四書疑略數卷自序與近世講學者不同

陳元珂

陳元珂字仲聲懷安人嘉靖乙未進士歷户部郎與同郡馬森林廷琛相砥礪不負所學坐事謫判德慶州積官湖廣叅政未上被讒待勘遂不復出珂守金華惠政宏多婺俗丕变兵備浙東贊幕府擒戮王直大有功勩以督府被論委咎于珂論者稱不平家居講學以壽終弟元瑛嘉靖庚戌進士撫州知府有詩名

林潤

林潤字若雨莆田人嘉靖進士知臨川縣嘗以攝事至南豐盜賊猝起在圍城中畫守禦便宜寇退豐人頌之擢南監察御史論山陽祭酒沈坤不法事坤坐逮死又論都御史鄢懋卿懋卿者嚴相嵩私人也寘不問伊庶人典楧張甚惑術人田生厚賄嚴相招府第以當王氣潤具以聞楧奪爵坐錮後嚴相免歸復持相子世蕃與黨人羅龍文等大逆狀上之

上怒下潤捕諸人籍其家擢南通參累遷副都

御史治姑蘇訪民疾苦為數十條上之尋卒于官先是壬戌倭陷莆城潤過家疏請蠲租三年仍乞帑金建學並賜給諸生莆人德潤入骨髓

林騰蛟

林騰蛟永安人嘉靖進士為御史獨持風裁所至墨吏望風解綬轉河南僉憲據法理無所回撓伊藩至驕縱亦為少戢卒于官

論曰余數過浙中杭人語其守之賢必玉融陳公也庶幾哉古所謂平易近民者歟林宗伯言

閩藪公盡用守令著績得至大官諒哉游侍郎
析湛卿方萌之姦林中丞擊嚴相已稔之惡讀
二疏者孰不稱快閩多君子能爲有無矣